Comment parler à ton CHIEN

Catalogage avant publication de Bibliothèque et Archives nationales du Québec et Bibliothèque et Archives Canada

Whitehead, Sarah

Comment parler à son chien

Traduction de: How to Speak Dog.

Comprend un index.

ISBN 978-2-89000-996-7

1. Chiens - Mœurs et comportement - Ouvrages pour la jeunesse. 2. Communication avec les animaux - Ouvrages pour la jeunesse. 3. Chiens - Dressage - Ouvrages pour la jeunesse. I. Titre.

SF433.W4414 2008 j636.7'0887 C2008-940589-7

Pour l'aide à la réalisation de son programme éditorial, l'éditeur remercie :
Le gouvernement du Canada par l'entremise du Programme d'aide au développement de l'industrie de l'édition (PADIÉ) ; la Société de développement des entreprises culturelles (SODEC) ; l'Association pour l'exportation du livre canadien (AELC).
Le gouvernement du Québec – Programme de crédit d'impôt pour l'édition de livres – Gestion SODEC.

Titre original : *How to Speak Dog*

A Marshall Edition
The Old Brewery
6 Blundell Street, London N7 9BH

Pour l'édition en langue française :

Dépôt légal — Bibliothèque nationale du Québec
3e trimestre 2008

Traduction : Jean Roby
Révision : François Roberge, Marcel Broquet
Infographie : Sandra Martel

Imprimé en Chine
ISBN 978-2-89000-996-7

Sarah Whitehead

Comment parler à ton CHIEN

Broquet

97-B, Montée des Bouleaux, Saint-Constant, PQ, Canada J5A 1A9,
Internet : www.broquet.qc.ca Courriel : info@broquet.qc.ca
Tél. : 450 638-3338 Téléc. : 450 638-4338

Contenu

Introduction

Nos chiens ne sont pas que des animaux de compagnie – ce sont des membres de la famille. Apprendre à connaître et à comprendre ton chien signifie que vous pourrez communiquer l'un avec l'autre et créer ainsi un lien unique entre vous.

Il est facile de communiquer avec ton chien, si tu sais comment t'y prendre ! C'est comme apprendre une autre langue. Il est important d'être patient et de prendre le temps de comprendre qu'il existe de nombreuses différences, et même certaines ressemblances, dans la manière de communiquer des humains et des chiens. Les chiens n'utilisent pas de mots pour s'exprimer, mais ils ont bien d'autres façons de manifester leurs sentiments et leurs intentions. Apprendre ce que signifient les postures et les expressions faciales de ton chien constitue un voyage excitant au cœur de la vie d'une espèce complètement différente. En outre, en apprenant comment y réagir, votre relation s'épanouira.

Quoique les chiens partagent des caractéristiques canines communes, il y a d'énormes différences entre les races, les types et même les individus. Comme une personne, chaque chien a son caractère, ses préférences, ses aversions et ses besoins. C'est à nous de nous assurer de bien connaître leurs caractéristiques uniques.

Chaque chien a un caractère, des préférences, des aversions et des besoins bien à lui.

Quand ils jappent, les chiens communiquent. Dans le même cas, les humains crieraient !

Évidemment, pour vivre avec nous, les chiens doivent apprendre à se comporter et à communiquer avec les humains. Tout comme nous, ils peuvent apprendre la politesse et comment s'intégrer à une routine et à la vie familiale. Dresser ton chien ne devrait pas être une guerre ou une corvée, mais une expérience amusante et agréable pour vous deux. Comprendre ce que ton chien « dit » rendra l'expérience plus facile et plus gratifiante. Il sera heureux d'être avec toi et de développer de nouvelles habiletés à chaque occasion qui se présentera.

Que tu veuilles simplement un compagnon bien élevé ou que tu rêves d'un champion à l'œuvre, ton chien a besoin de sécurité, de soins, de compagnie et d'affection. Il a besoin que tu récompenses son bon comportement, que tu comprennes sa personnalité et qu'il ait l'occasion de manifester son instinct naturel. Notre travail consiste à nous assurer que nous en apprenons le plus possible sur nos chiens, afin qu'ils soient heureux, sains et satisfaits jusqu'à leur vieillesse. Notre récompense ? Le meilleur ami qu'on puisse avoir !

Les chiens ne sont pas que des animaux de compagnie – ce sont des membres de la famille.

Ton chien et toi

Les chiens sont fantastiques ! Ils peuvent être amicaux, drôles, enjoués, affectueux et confiants. Ils peuvent aider à la ferme, servir de chiens-guides, nous protéger, travailler comme chiens renifleurs et devenir des compagnons de vie. Aucun autre animal n'a développé une relation aussi étroite avec les gens.

Bien sûr, tu voudras prendre soin de ton meilleur ami. Les chiens ont besoin de nourriture, d'eau et d'une place confortable où se reposer. Ils ont besoin de toilettage pour conserver la meilleure condition physique, d'exercice pour les garder en forme et en santé, et de soins vétérinaires pour conserver leur santé. Tous les chiens ont aussi besoin de dressage pour apprendre à s'adapter à notre vie ; ils ont également besoin de compagnie et de sécurité. Tout comme les gens, chaque chien est unique et chacun aura des besoins légèrement différents selon son âge, sa race, ses préférences et ses aversions. Apprendre exactement ce dont ton chien a besoin peut être amusant, et plus tu le comprendras, plus tu l'apprécieras !

Aucun autre animal n'a développé une relation aussi étroite avec nous.

Avoir un chien – un compagnon pour la vie

Avoir un chien est à la fois un plaisir et une responsabilité. Il fera partie de ta famille jusqu'à la fin de ses jours et il t'appartient de t'assurer qu'il vivra chaque journée pleinement. Les chiens nous donnent tellement – en compagnie, en confiance, en loyauté, en protection et en plaisir – que nous devons nous assurer que chaque étape de leur vie est vécue de la meilleure façon possible.

Les chiots ont besoin d'apprendre à se calmer et être tranquilles avec nous.

L'enfance du chien

Tout comme un nouveau bébé, le chiot est totalement dépendant de sa mère pour sa survie et sa croissance. Cependant, il est très vite sur ses pattes pour explorer son nouveau monde. Tu dois prendre la relève là où la mère du chiot l'a laissé. Tu devras fournir la nourriture, l'eau, une place où dormir, l'affection et l'éducation à ton chiot afin qu'il s'intègre à ta vie et à ta famille.

Les chiots doivent développer des aptitudes sociales afin de communiquer avec d'autres chiens et avec nous, et cela veut dire se mêler à d'autres chiens. Tout comme les enfants vont à la maternelle, les chiots ont besoin d'un dressage de base. Ils doivent apprendre des ordres comme « assis » et « couché » et répondre à l'appel. Ils doivent aussi apprendre à s'amuser avec des chiens de leur âge. Les cours pour chiots sont une façon idéale de le faire et ils sont très amusants pour nous aussi !

L'adolescence

À cinq mois environ, ton chiot devient un adolescent – l'équivalent d'un ado humain ! Ce peut être une étape difficile. Ton chien pourra sembler un peu dégingandé et maladroit alors que ses jambes allongent. À cette étape, il est important de continuer de favoriser de nombreux contacts sociaux avec d'autres chiens et avec les gens afin qu'il poursuive le développement de bonnes habiletés de communication. Cette étape du dressage est un peu comme aller à l'école secondaire.

L'âge adulte

La plupart des chiens atteignent leur taille adulte complète vers 18 mois, mais ils atteignent leur maturité vers trois ans environ. Certains chiens se développent plus vite que d'autres. Cela semble dépendre de la taille – les très gros chiens tendent à se développer plus vite que les petits. Une fois que ton chien est tout à fait mature, il continuera d'aimer apprendre de nouveaux trucs et des tâches ; cela aidera à garder le plaisir de votre relation.

La vieillesse

Il est fantastique de passer du temps avec de vieux chiens. Ils comprennent ta routine et celle de ta famille et ils se sont complètement branchés sur tes sentiments et tes gestes. Un vieux chien n'est pas aussi actif qu'il l'était dans sa jeunesse mais, avec de bons soins, une bonne nourriture et de l'exercice, il n'y a aucune raison pour qu'il cesse d'apprécier les marches, le dressage et, par-dessus tout, ta compagnie jusqu'à tard dans sa vie !

Les chiens vieillissent plus vite que nous, mais ils gardent toujours le cœur jeune !

À PROPOS DES CHIENS

On disait qu'un an dans la vie humaine en valait sept chez le chien. Ce qui signifierait qu'un chien de deux ans serait comme un enfant de 14 ans et qu'un chien de sept ans serait comme un adulte de 49 ans. Cependant, dans les dernières années, des calculs plus précis ont été faits selon la race, la santé et le comportement de chaque chien en particulier.

Les premiers jours

Les chiots naissent après 58-68 jours dans l'utérus de leur mère – habituellement en groupes nommés « portées ». À la naissance, ils sont aveugles, sourds et incapables de marcher ou de courir, mais leur taux de croissance est incroyablement rapide, spécialement si on les compare aux humains. Alors que les bébés sont encore incapables de marcher, les chiens ont achevé leur croissance et sont capables de courir et de sauter comme des adultes !

Suis les progrès de ton chiot

De la naissance à deux semaines

Les chiots naissent aveugles et sourds. Ils rampent pour téter leur mère et ont un bon odorat. Ils ont besoin de leur mère pour les tenir au chaud et les aider à aller à la toilette.

De deux à quatre semaines

Les chiots commencent à ouvrir les yeux à l'âge de deux semaines environ, mais ils peuvent ne pas voir très clairement. Ils entendent les grands bruits et y réagiront en étant effrayés. À ce stade, les chiots sont comme un enfant de 18 mois. Ils peuvent marcher, mais ne sont pas encore très stables.

À moins de deux semaines, ce chiot est encore aveugle. Il ne peut que sentir le monde à cet âge !

De quatre à huit semaines

En quatre semaines, les chiots passent de la dépendance complète à leur mère à l'indépendance, la curiosité et la malice! Ils peuvent manger de la nourriture solide, marcher, courir, grimper et jouer, et ils adorent s'ébattre avec le reste de la portée! Ils sont comme des enfants de cinq ans. Ils commencent à se servir de signes les uns avec les autres pour demander aux autres chiots de jouer ou pour leur montrer qu'ils sont contrariés. C'est un peu comme jouer avec d'autres enfants au terrain de jeu.

L'arrivée à la maison

La plupart des chiots arriveront à leur nouveau foyer quand ils ont entre 8 et 12 semaines. Il est important de se rappeler qu'ils sont habitués à la compagnie et au réconfort de leur mère et de la portée depuis leur naissance, et qu'ils peuvent se sentir isolés et apeurés quand ils se retrouvent seuls pour la première fois. La nuit, certains chiots pleurent pour cette raison. Pour l'aider à s'installer, place une bouteille d'eau chaude dans le lit de ton chiot afin de lui donner de la chaleur et un jouet moelleux pour chiens pour lui tenir compagnie. Tu découvriras peut-être que ton chiot dort mieux s'il est prêt de toi et de ta famille les premières nuits – après tout, tu as pris la place de ses frères et sœurs.

Les chiots ont besoin d'être sûrs que leur mère soit tout près. Ceux de cette portée ont quatre semaines environ.

Une vie occupée!

Pendant les premières semaines dans son nouveau foyer, tu te rendras compte que ton chiot aime manger, jouer et... dormir! Dormir est très important à ce stade. Aussi, assure-toi qu'il a un endroit où dormir sans être dérangé. Un panier douillet ou une cage sont idéals. Assure-toi aussi d'avoir de nombreux jouets pour chiens afin que ton chiot s'amuse. Garde à l'esprit qu'il voudra mâchouiller et que, au départ, il ne fera pas la différence entre ses jouets à mâchouiller et tes objets favoris! Garde tes jouets hors de portée afin que ton chiot apprenne qu'ils sont à toi et ne doivent pas être touchés.

Les règles de la maison

Avoir un chiot est excitant et amusant, mais il est important qu'il s'installe dans une routine qui l'aide à se sentir heureux et en sécurité. Assure-toi que la famille accepte d'un commun accord les règles que tu fixeras pour ton chiot – et que chacun les suivra.

Bien dormir

Décide où ton chiot va dormir – et persévère. Si tu le laisses dormir sous une couverture quand il est petit et mignon, il voudra faire la même chose quand il sera énorme et sale. Assure-toi qu'il a un lit douillet en un endroit tranquille et laisse-le dormir sans le déranger.

Pour nous, une niche intérieure peut ressembler à une cage, mais elle offre sécurité et protection.

S'asseoir à sa place

Permettre à ton chien de grimper sur les meubles est un choix personnel. Pense à la taille et à la quantité de poils qu'il aura ! Si tu décides qu'il est préférable qu'il ne grimpe pas sur le divan ou les fauteuils, commence alors à le dresser dès maintenant.

L'heure des repas

Ton chien a besoin de ses propres bols de nourriture et d'eau. De plus, il a besoin de paix et de calme pendant qu'il mange. Afin de t'assurer qu'il n'a pas peur que tu lui enlèves sa nourriture, c'est une bonne idée d'ajouter, parfois, quelques bouchées très savoureuses dans son bol pendant qu'il mange. Ainsi, il saura que tu donnes de la nourriture, non que tu l'enlèves.

Quel bon chiot. Apprendre à attendre dans son panier est difficile !

Fais attention à moi !
Rappelle-toi de tenir ton
chiot en sécurité.

CONSEIL D'EXPERT

La plupart des chiots n'aiment pas qu'on les prenne. Voici pourquoi. À l'état sauvage, seulement les très petits chiots sont transportés par leurs parents et les autres chiens de la meute. Après six semaines, un chien ne serait transporté que s'il était attaqué ! Pour cette raison, il serait important que tu le prennes seulement si un adulte est présent pour t'aider. Assure-toi de placer une main sous le derrière du chiot pour supporter le poids de son corps et le tenir en sécurité, parce qu'il se blesserait s'il tombait.

Les manières à table

Sois strict avec toute ta famille : ne donnez jamais à ton chien de nourriture de la table ou de vos assiettes quand vous mangez. Si tu donnes à ton chien des bouchées de ta nourriture, même à l'occasion, ne sois pas surpris s'il s'assoit près de toi en bavant ou essaie de t'agresser pour tes collations ! Demande à ton chien d'aller dans son lit pendant que tu déjeunes, dînes ou soupes, ou même si tu prends une collation. Donne-lui un jouet à mâchouiller pour l'amuser afin qu'il soit content – et distrait.

Le dictionnaire de ton chien

Les chiens ont besoin d'apprendre le sens de tous les mots que nous utilisons avec eux. Il n'est pas bon de supposer que ton chien comprendra son nom, le mot « non » ou même « bon chien » avant qu'il ait fait des associations avec eux. Afin de l'aider à comprendre ce que tu veux, il est utile de lui faire un dictionnaire et que chaque membre de la famille utilise les mêmes mots. Par exemple, si tu veux demander à ton chien de se coucher, décide si tu veux qu'il réponde à « couché » ou à « à terre ». Quand tu auras choisi les ordres que tu utiliseras, écris-les dans un tableau comme celui ci-dessous et colle-le sur la porte du réfrigérateur afin que tous le voient.

Mot	Action
Exemple : « couché »	Imiter la chute sur le plancher

La sécurité dans la maison et à l'extérieur

À partir de trois semaines, il pousse aux chiots des dents pointues dont un requin serait fier! Ils aiment mâchouiller et mordre des objets parce que ça les aide à soulager leurs irritations dentaires. Pour ces raisons, la plupart des chiots mâchouillent beaucoup. C'est nous qui devons les empêcher de mâchouiller des objets dangereux ou d'avaler des choses qui pourraient les blesser.

Dans ta maison

Plusieurs choses dans ta maison peuvent faire du mal à ton chien s'il les trouve ou les mange. Certaines d'entre elles peuvent paraître sans danger pour nous, mais elles sont dangereuses pour ton chien. Par exemple, les gens aiment le chocolat, mais il est poison pour les chiens. Les raisins et les oignons peuvent aussi leur causer des problèmes.

Les jouets sont amusants, mais assure-toi que ton chien ne peut pas les mâcher ou les avaler. Les balles trop petites peuvent se coincer très facilement dans la gorge de ton chien. Les chiens tentent parfois de mâcher des objets qui ne sont pas des jouets. Des aiguilles et des élastiques, par exemple, présentent un sérieux danger. Assure-toi que de tels objets sont rangés en sécurité.

Sois sûr que les médicaments et les produits d'entretien, comme les liquides nettoyants, sont gardés hors d'atteinte de ton chiot curieux. Il suffit d'un ou deux comprimés pour rendre ton chien gravement malade.

Garde les produits chimiques hors de portée de ton chien.

Dans le jardin

Ton chiot aime probablement jouer dans le jardin, mais là aussi tu dois t'assurer qu'il est en sécurité. Certaines plantes peuvent être toxiques pour les chiens et manger les bulbes de fleurs est très dangereux.

Assure-toi de garder ton chien loin de la machinerie, telle la tondeuse à gazon, et ne le laisse jamais s'approcher de produits chimiques comme l'antigel, qui est poison.

Les chiens curieux ont le nez fourré partout. Tu dois t'assurer qu'ils ne trouveront rien qui puisse leur faire du tort.

Aller faire un tour dehors

Nous aimons sortir nos chiens, mais tu dois aussi être l'ange gardien de ton chien dehors. Garde-le près de toi et en laisse s'il y a du trafic, s'il y a d'autres animaux tout près ou si tu ne connais pas la région. À la campagne, en particulier, il y a des règles concernant les endroits où les chiens sont et ne sont pas admis ; ne lui retire donc pas la laisse s'il n'y a pas d'adulte qui te supervise. Malgré l'envie que tu peux avoir, ne lance pas de bâtons qu'il rapporterait. Ceux-ci peuvent se briser facilement en échardes pointues qui se coinceront dans sa gueule ou sa gorge.

Pense comme un chien !

La meilleure façon de garder ton chien en sécurité est de le dresser à marcher gentiment en laisse et à revenir quand tu l'appelles. Ça aide aussi de penser comme lui. Pour la plupart des chiens, les trous dans les clôtures sont invitants, des morceaux de ce que tu manges et les petits objets sont tentants et les animaux sont amusants à pourchasser. Ces types de comportement instinctifs peuvent mettre ton chien en danger – c'est à nous d'assurer qu'ils sont en sécurité.

QUIZ RAPIDE

Sais-tu comment garder ton chiot en sécurité ? Encercle une réponse pour chaque question, puis additionne tes bonnes réponses pour savoir jusqu'à quel point ton chiot est en sécurité.

1. Lequel de ces aliments humains est un poison pour ton chien ?

a) Les oranges.
b) Le chocolat.
c) Le lait.

2. Que dois-tu faire si ton chiot semble malade ?

a) L'amener chez le vétérinaire.
b) Le caresser.
c) L'envelopper dans une couverture.

3. Ton chiot a ramassé un bâton et veut jouer avec toi. Que devrais-tu faire ?

a) Lui lancer le bâton pour qu'il le rapporte.
b) Le distraire pour qu'il échappe le bâton et l'oublie.
c) Le pourchasser pour lui enlever le bâton.

4. Ton chiot s'ennuie pendant que tu regardes la télévision. Il essaie de mordiller les pattes de la table. Que devrais-tu faire ?

a) Le gronder parce qu'il est vilain.
b) L'ignorer. Tu ne veux pas manquer ton émission favorite.
c) Lui donner un jouet à mâchouiller pour le tenir occupé.

5. Tu sors ton chiot pour une marche vers un lieu que tu ne connais pas. Que fais-tu ?

a) Détaches-tu sa laisse afin qu'il puisse explorer les lieux sur-le-champ ?
b) Le gardes-tu en laisse jusqu'à ce que tu aies vérifié qu'il s'y a pas d'autres routes ou d'autres animaux tout près, ou encore que des règlements s'appliquent aux chiens dans la région ?

Réponses : 1b, 2a, 3b, 4c, 5b.

La santé et le toilettage

Le toilettage devrait être fait tous les jours. Il garde ton chien sain et propre, et te permet de vérifier s'il est malade et s'il a des puces. Il crée aussi des liens entre vous. Fais du toilettage un jeu et ton chien se laissera joyeusement brosser tous les jours !

Apprends à ton chien à s'asseoir sans bouger quand on le brosse et le peigne. La brosse n'est pas un jouet !

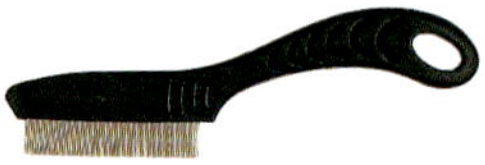

Peigne de métal à dents écartées

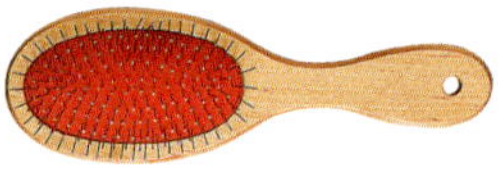

Brosse à lustrer en caoutchouc

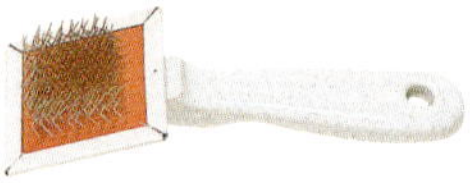

Brosse souple

Le brossage

L'équipement dont tu as besoin dépend du type de pelage de ton chien, mais il ne devrait jamais être coupant ou inconfortable. Si ton chien a une robe à poil doux et court comme celle du boxer ou du carlin :

1 utilise d'abord une brosse en caoutchouc pour détacher les peaux mortes, la saleté et les poils morts ;

2 fais briller la robe de ton chien en la lustrant avec une peau de chamois ou un gant de velours.

Plusieurs races populaires, comme le golden retriever et le berger allemand ont une robe double. Un fin duvet sert de barrière protectrice contre le froid. Le pelage extérieur, plus rude, est résistant à l'eau. Si ton chien a une robe à poil long :

1 utilise une brosse souple pour enlever les poils morts et les débris du pelage interne et externe ;

2 peigne ensuite le duvet avec un peigne à dents écartées ;

3 sois très délicat quand tu peignes les régions sujettes aux nœuds comme l'arrière des oreilles, la crinière et les pattes.

Une fois que tu as donné un bon brossage à ton chien, il est temps d'examiner ses oreilles, ses yeux et ses dents.

CONSEIL D'EXPERT

Certains propriétaires aiment nettoyer les dents de leur chien avec une brosse à dents spéciale et une pâte dentifrice pour chiens. Tu devras y habituer ton chien peu à peu, car c'est une étrange sensation pour lui au début. Cependant, la tentation du dentifrice à saveur de foie aide toujours !

Examine ses oreilles

Une friandise dans une main, soulève soigneusement chaque oreille de ton chien afin de regarder à l'intérieur. Elles devraient être roses et propres, ne rien sentir et n'avoir aucun écoulement brun. S'il y a un écoulement ou si ton chien se grattait les oreilles ou se tenait la tête de côté, cela peut indiquer une infection à l'oreille, donc requiert un traitement chez le vétérinaire. N'introduis jamais quelque chose dans l'oreille, mais essuie le pavillon avec une boule de ouate humide, au besoin. Donne à ton chien la friandise pour avoir été patient!

Examine ses yeux

Les yeux de ton chien devraient être propres et brillants, sans rougeur ni écoulement. Les chiens ont une troisième paupière qui couvre l'œil quand ils ne vont pas bien. Cela peut indiquer qu'ils ont besoin d'aller chez le vétérinaire.

Examine ses dents

Une friandise dans une main, utilise l'autre pour soulever délicatement ses lèvres d'un côté, puis de l'autre, afin que tu puisses voir ses dents. Sont-elles propres et blanches? Une mauvaise haleine ou plusieurs taches jaunes pourraient indiquer qu'un vétérinaire doit examiner les dents de ton chien. Donne-lui la friandise parce qu'il a été gentil pendant son examen!

LE JEU DU TOILETTAGE

Aligne 10 friandises sur une table ou sur le rebord d'une fenêtre, là où ton chien peut les voir mais ne peut pas les atteindre. Brosse ou examine chaque partie du corps de ton chien de la liste ci-dessous, puis donne-lui une friandise comme récompense pour être resté tranquille. Continue la liste jusqu'à ce que tu aies toiletté les 10 parties et qu'il ait reçu toutes ses friandises!

1. Brosse sa queue.
2. Soulève sa patte gauche antérieure et examine ses griffes.
3. Brosse ses pattes postérieures.
4. Regarde ses dents.
5. Examine ses oreilles.
6. Brosse-le de la tête à la queue le long du dos.
7. Regarde ses yeux.
8. Brosse sa poitrine.
9. Examine sa patte droite postérieure.
10. Brosse son ventre.

Toiletter ton chien aidera à instaurer de la confiance entre vous. Essaie de le toiletter tous les jours.

À PROPOS DU CHIEN

Ton chien ne peut pas te dire qu'il ne va pas bien. Il peut te le faire savoir seulement par son étrange comportement. Surveille les signes indiquant qu'il ne va pas bien. Il peut être tranquille, manquer d'énergie, vouloir dormir, boire plus ou être irritable. Conduis toujours ton chien chez le vétérinaire pour un examen si sa santé ou son comportement te tracasse.

L'exercice

Un des aspects les plus intéressants à posséder un chien est de le promener et de jouer dehors avec lui ! L'exercice est bon pour ton compagnon et pour toi, mais refaire le même parcours chaque jour devient un peu lassant. Essaie plutôt de penser à de nouvelles aventures ou de nouvelles activités impliquant toute la famille. Rappelle-toi de prévenir tout danger pour ton chien.

CONSEIL D'EXPERT

Réfléchis à ce qui rend ton chien heureux (voir la page 40 pour t'inspirer). Si tu possèdes un terrier, il est certain qu'il aimera chasser et creuser ! Si tu possède un chien d'arrêt, il aimera fort probablement nager et rapporter. Jette aussi un œil sur quelques autres idées d'exercices.

L'aventure de la cachette

Si tu es assez chanceux et que tu peux amener ton chien au parc de ta localité, profite pleinement de l'espace offert. Déployez-vous et jouez à la cachette. Tiens ton chien jusqu'à ce que l'un de vous se soit caché derrière un arbre, puis envoie ton chien à sa recherche ! Une fois trouvée, cette personne tient son collier et le jeu recommence !

La nage est un excellent exercice. Certaines races de chiens ont même des pattes palmées pour faciliter leurs déplacements dans l'eau !

À la nage

Plusieurs chiens aiment nager. Certaines races, comme le Terre-Neuve, ont été hybridées à cet effet. L'énorme Terre-Neuve a un pelage spécial et même des pattes palmées pour l'aider à se déplacer dans l'eau. Des piscines pour chiens sont disponibles dans certaines régions. D'autres lieux parfaits pour une trempette incluent les lacs, les rivières et, évidemment, la mer. Assure-toi cependant que la rive a un espace peu profond d'où ton chien pourra sortir de l'eau aisément. Si ton chien n'a jamais nagé auparavant, initie-le lentement et laisse-le aller à son propre rythme. Établis sa confiance petit à petit. Ne pousse jamais ton chien dans l'eau. Ça peut le dégoûter pour le restant de ses jours.

Le parc d'activités

Vas-tu en forêt? Profite des obstacles qu'offre la nature! Encourage ton chien à grimper sur les souches et à marcher sur le tronc des arbres tombés. Il peut sauter par-dessus les branches et se frayer un passage dans les bosquets, tout comme dans un parcours à obstacles. Sers-toi de friandises pour l'encourager à commencer l'exploration.

Tous les chiens aiment aller dehors. Un bon dressage fera ta fierté où que tu l'amènes.

Le football fou

Plusieurs chiens sont des as du football! Certains sont meilleurs à déplacer la balle, alors que d'autres sont d'excellents gardiens de but. Trouve l'habileté de ton chien. S'il n'a jamais joué auparavant, enseigne-lui d'abord à pousser la balle avec sa tête ou son nez. La plupart des chiens le feront si tu dribbles avec le ballon plutôt que de le frapper d'un bon coup de pied. Félicite ton chien et repousse la balle vers lui s'il l'envoie dans ta direction. Certains essaient de saisir le ballon entre leurs dents. Si le tien agit ainsi, tu devrais commencer à l'entraîner au football avec un ballon dur, pour ne pas qu'il le crève!

À PROPOS DU CHIEN

Les chiens auront besoin d'une quantité différente d'exercices, selon leur race, leur âge et leur niveau de forme physique. Les chiots ne devraient pas marcher plus de 20 minutes par jour parce que leurs articulations et leurs os ne sont pas encore complètement formés. Après l'âge d'un an, la plupart des races (sauf les races géantes comme le grand danois et le saint-bernard) peuvent supporter autant d'exercices que tu peux leur en donner, mais vas-y progressivement pour éviter les blessures.

Apprendre le langage des chiens

Les chiens ne parlent pas français ! Ils communiquent à l'aide de leur langage corporel et de leurs expressions faciales. Ils émettent aussi une gamme de sons, comme les « wouf », les « yip », les grognements et les gémissements. Contrairement à nous, ils ont aussi l'avantage de pouvoir communiquer grâce à la finesse de leur odorat. Les chiens peuvent se reconnaître les uns les autres, et nous de même, seulement à l'odeur !

Apprendre à comprendre le langage corporel de ton chien te permettra de « lire » ses sentiments selon qu'il est heureux, excité, fâché ou troublé. Cela veut dire que tu sauras réagir en conséquence. Tout comme nous, les chiens éprouvent des sentiments différents, mais ceux-ci sont souvent mal interprétés par les gens qui n'ont pas pris le temps d'apprendre leur langage. Quel que soit le nouveau langage qu'on apprend, il faut y mettre du temps et de la patience. Tu auras probablement besoin d'observer ton chien et de te demander ce qu'il pense et ressent. Cependant, ce gros devoir vaut la peine. Tu seras en mesure de communiquer avec ton chien pour t'assurer que vous vous comprenez l'un l'autre.

Prends le temps d'apprendre le langage des chiens. Tu seras heureux de l'avoir fait !

Apprendre le «canin» comme langue seconde

Apprendre le «canin» comme nouvelle langue peut être agréable et excitant ! Si tu es doué pour observer ton chien et remarquer tous les infimes signaux qu'il lance, tu deviendras un expert en peu de temps.

Les chiens nous observent sans arrêt et apprennent notre langage corporel. Nous devons faire comme eux !

Des sens super

Certains signaux des chiens sont faciles à saisir, parce qu'ils sont semblables aux nôtres. Cependant, d'autres sont très différents. Nous ne pouvons présumer que les chiens nous comprennent toujours !

As-tu déjà remarqué qu'ils observent tout ce qui se passe ? Des chiens peuvent même apprendre à prévoir quand nous sortirons ou que des visiteurs sont sur le point d'arriver. Ce n'est pas un sixième sens, mais la capacité de détecter les plus infimes modifications de nos comportements. Ceux-ci préviennent le chien que quelque chose va se produire.

Les chiens sont si doués pour cela que certains sont même entraînés pour détecter les signes avant-coureurs d'une crise d'épilepsie. Ils peuvent anticiper les crises jusqu'à une heure avant qu'elles ne surviennent, ce qui donne aux gens le temps de se mettre en sécurité et d'obtenir de l'aide médicale.

CONSEIL D'EXPERT

Essaie d'imaginer ce que c'est d'être un chien pour une journée, vivant dans le monde des humains. Imagine que tu croises beaucoup de gens qui ont tous des attitudes, des allures, des voix et des odeurs très différentes. Nous parlons tous, faisons beaucoup de bruit et, ensuite, nous attendons de nos chiens qu'ils saisissent les ordres que nous leur donnons. Ça doit porter à confusion !

À PROPOS DES CHIENS

Quoique les races de chiens soient très différentes les unes des autres, tous les chiens utilisent le même langage et se comprennent entre eux. Toutefois, ils ont besoin d'exercer leurs habiletés sociales en jouant ensemble et avec nous quand ils sont chiots.

Il est impoli de fixer

Les chiens utilisent le contact visuel pour communiquer entre eux et avec nous. Un regard fixe direct les intimide un peu, comme c'est le cas pour nous. Nous sommes aussi mal à l'aise quand quelqu'un nous dévisage. Pour cette raison, certains chiens ne regarderont pas directement leur maître dans les yeux – ils se montrent polis en regardant ailleurs!

Il existe de chiens de toutes les formes et de toutes les tailles, mais ils doivent apprendre à se «lire» les uns les autres, peu importe leur allure.

Les humains sont bizarres

Tout comme nous devons apprendre le sens des postures et des signaux de nos chiens, ceux-ci doivent apprendre ce que veulent dire les paroles et les gestes des humains. Réfléchis à ton image et au son de ta voix en te mettant à la place de ton chien. Quand tu souris, tu montres les dents, mais c'est amical. En langage de chien, c'est une menace possible. Quand tu joues, tu cours et tu pousses des cris et des hurlements. Pour nous, ce sont des signes de plaisir, mais ton chien doit apprendre que tu n'as pas de mal ou que tu ne te comportes pas comme une proie. Nos façons humaines doivent sembler très bizarres aux chiens. Comme si ce n'était pas assez, notre allure et notre senteur leur paraissent aussi très bizarres. Nous portons des lunettes et des chapeaux; les hommes ont parfois des barbes et les femmes se maquillent et se parfument. Cela nous donne une allure et une odeur très différentes devant nos animaux de compagnie. Il ne faut donc pas s'étonner si, à l'occasion, les chiens sont effrayés par des gens qui ont l'air différent. Essaie d'imaginer ce qu'éprouve un chien la première fois qu'il croise quelqu'un coiffé d'un casque de moto!

Que penses-tu que ces deux collies se «disent» par leur langage corporel?

Le langage des chiens : la queue et le corps

La queue du chien est un élément important de son système de communication. Il est tentant de penser que les chiens sont toujours heureux quand ils remuent la queue, mais c'est plus complexe et subtil que cela. Selon la hauteur et le mouvement de leur queue, ils signalent leur bonheur, leur colère, leur hésitation et leur peur.

Des mouvements amples et généreux

Le chien exprime son amitié et ses salutations avec sa queue. Le plus souvent, il s'agit d'amples et de généreux frétillements de la queue tendue à mi-hauteur. Quand la queue du chien bat ainsi et que son expression faciale est détendue et amicale, tu peux être sûr qu'il est content de te voir !

L'accueil du moulin à vent !

Certains chiens sont si excités de nous voir que leur queue tourne comme les ailes d'un moulin à vent ! Le mouvement est si ample que la queue tourne et ne fait pas qu'aller d'un côté à l'autre. C'est l'équivalent d'un grand sourire !

La queue repliée

Si tu vois un chien dont la queue est repliée sous lui, il y a de bonnes chances qu'il ne soit pas du tout heureux et qu'il ait probablement peur de quelque chose ou de quelqu'un. Le chien replie sa queue sous lui pour protéger son ventre.

Le faible frétillement

Le chien agite souvent la queue quand il est indécis vis-à-vis une situation, mais il aura alors la queue basse. Parfois, elle semble coincée entre ses pattes postérieures. Comme on pense que ce mouvement de la queue aide à répandre son odeur, le frétillement bas pourrait prévenir les autres chiens qu'il est inquiet.

La queue rigide, dressée

Un chien tendu ou fâché immobilisera sa queue ou la dressera. Parfois, il semblera même que sa queue vibre quand il l'agite. C'est l'équivalent d'un drapeau rouge pour les autres chiens : c'est un signal de danger !

À PROPOS DES CHIENS

On pense que la queue du chien agit comme un signal visuel aux autres chiens, pour démontrer comment ils se sentent et indiquer leurs intentions. Il est probable que les mouvements de la queue servent aussi à répandre l'odeur du chien, laquelle renferme aussi de l'information.

Ce petit chien se montre amical, mais paraît incertain. Comment son corps exprime-t-il cela ?

Le langage corporel

Les pattes du chien et la posture de son corps te donneront aussi des indices sur son état d'esprit. Un chien apeuré se tapira, afin de garder son corps près du sol. Un chien intrépide ou agressif marchera les pattes raides pour paraître aussi gros que possible.

Un chien détendu et amical aura tendance à se déplacer d'une manière coulante, souple. Il peut même se déhancher ou se tortiller comme un serpent pour s'approcher de toi, en particulier quand il te salue. Certains chiens deviennent si excités quand ils accueillent des gens qu'ils ne frétillent pas seulement de la queue, mais de tout l'arrière-train !

À PROPOS DES CHIENS

Les chiens et les gens livrent des indices sur leur état d'esprit par leur langage corporel et leurs expressions faciales. Il suffit de regarder un film pour t'en convaincre. Imagine quelqu'un qui simule la peur : peut-être qu'il rampera, que ses mouvements seront brefs et vifs et qu'il se fera le plus petit possible pour éviter d'être vu ; très souvent, il restera immobile et seuls ses yeux seront en mouvement, à l'affût du danger. Les chiens agissent aussi de cette manière quand ils ont peur.

Quelque chose a capté l'attention de ce labrador !

Le langage des chiens : la face et la tête

Les chiens transmettent beaucoup d'émotions par leurs expressions faciales et leur façon de bouger la tête et les oreilles. Observe bien ses yeux, ses oreilles et sa gueule pour comprendre ce qu'il te dit.

C'est par les yeux que ça passe !

Dans le langage des chiens, un regard fixe est presque toujours interprété comme une menace. C'est fréquent chez de nombreuses espèces animales (les humains inclus), mais c'est vrai pour les chiens en particulier. Ils doivent apprendre très tôt qu'il est beaucoup plus prudent de détourner le regard que de regarder directement un nouveau chien dans les yeux. Leur mère leur aura montré cela quand ils étaient chiots : elle leur jetait un regard dur quand leur comportement était inacceptable et, au besoin, l'accompagnait d'un claquement des mâchoires ou d'un grognement.

Être tout oreilles !

La position des oreilles est importante. Malheureusement, les messages transmis par elles sont souvent confus, parce que nous avons créé des races de chiens aux longues et lourdes oreilles qui ne bougent pas facilement. Cependant, chez les races dont les oreilles sont très mobies et bien droites, les messages peuvent être vus clairement. Par exemple, les oreilles pointées vers le haut et vers l'avant montrent qu'il est alerte et prêt à l'action. Des oreilles maintenues vers l'arrière ou collées contre la tête signalent que le chien éprouve de l'anxiété ou de la peur.

Un regard fixe peut être menaçant, mais ce chien semble amical.

Les oreilles sont dressées et alertes, mais l'expression est douce et non menaçante.

La tête de l'emploi

Les chiens présentent une grande variété de formes de têtes, selon leur race. Les uns, comme le teckel, ont des têtes allongées et pointues. Les autres, comme le boxer et le carlin, ont de larges têtes à museaux courts. La forme de la tête du chien déterminera que sa peau sera lisse ou ridée, ce qui peut influencer les messages qu'il enverra. Les chiens vifs et amicaux ont tendance à garder la tête droite, laissant la peau du dessus lisse. Les chiens agressifs peuvent tendre la tête vers l'avant et plisser la peau du front, comme un froncement de sourcils humain.

Une grande gueule

Les chiens ont de très grandes gueules, la langue longue et de grosses dents. Il en est ainsi parce qu'ils ont été conçus pour chasser et tuer des proies, puis les déchirer pour les manger. Les longs crocs à l'avant de la gueule du chien sont appelées les dents canines ; elles sont destinées à frapper et déchirer. Les dents à l'arrière de la gueule sont les molaires. Elles sont faites pour mâcher et broyer les os. La dentition du chien est une arme exceptionnelle. Les chiens peuvent réagir et mordre très rapidement, causant de sérieux dommages. Pour cette raison, ils ont développé des habiletés de bonne communication pour s'assurer de régler les conflits entre eux sans recourir à la violence, sans infliger de blessures graves. Ils sont une espèce sociable et pacifique qui préfère éviter les conflits. Ils sont très habiles à contrôler leur gueule et cacher leurs dents pour montrer qu'ils sont amicaux. C'est le contraire chez les humains, qui sourient en montrant les dents.

À PROPOS DES CHIENS

Le chien pourra utiliser sa langue pour montrer comment il se sent. Si ton chien se lèche les babines ou retrousse sa langue sur son museau, il peut souffrir d'anxiété ou de stress.

LES DENTS DU CHIEN

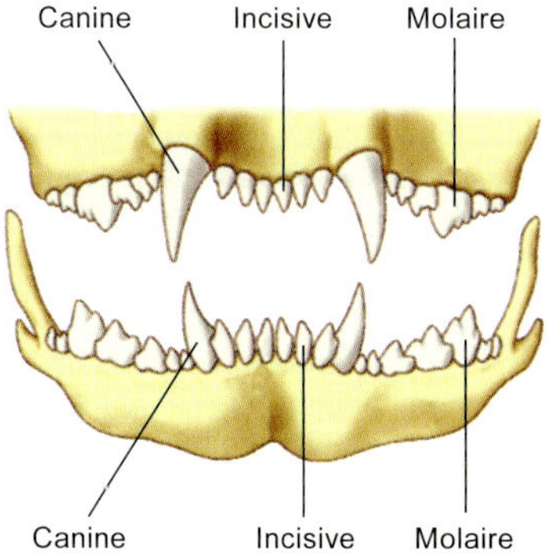

Le chien se sert de sa gueule pour manger, boire, haleter, bâiller, jouer et exprimer de l'affection ou de l'agressivité.

Le langage des chiens : les odeurs

L'odorat d'un chien est très supérieur à celui des humains. Les chiens ont 25 fois plus de récepteurs olfactifs dans le nez. On dit qu'ils peuvent détecter une goutte de sang diluée dans cinq litres d'eau ! Nous savons tous que les chiens peuvent trouver des objets, et même des gens, en utilisant leur nez. Toutefois, savais-tu qu'ils peuvent aussi recueillir beaucoup d'informations sur toi, d'autres chiens et le monde qui les entoure, seulement au flair ?

Les signaux odorants

Il y a peu de doute que, pour un chien, renifler le gazon où sont passés d'autres chiens ressemble un peu à lire le journal. Des signaux odorants, laissés à l'attention d'autres chiens, contiennent des informations précisant qui était là, depuis combien de temps et, même, leur état de santé.

Dès leur naissance, les chiots ont un bon sens de l'odorat. Avant même de voir ou d'entendre correctement, un chiot peut détecter et distinguer différentes odeurs. Quand on observe un chiot nouveau-né, on voit bien qu'il n'est pratiquement qu'un nez !

Qui est passé par ici ? Il y a combien de temps ? Est-ce que je les connais ? Toute cette information et plus encore est probablement contenue dans les signaux odorants.

Les chiots apprennent à reconnaître les odeurs très vite. Cela les aide à se sentir en sécurité, car ils peuvent identifier leur propre mère et les autres chiots de la portée.

En grandissant, un chien apprend que les chiens et les humains ont tous une odeur différente et que d'autres informations – relatives au sexe, à la santé et, peut-être-même, à leur état émotif – peuvent être glanées en les reniflant.

À PROPOS DES CHIENS

As-tu remarqué que certains chiens tentent de laisser leur odeur en un lieu aussi élevé et évident que possible ? Des mâles lèveront la patte pour projeter leur urine le plus haut possible et des chiens essaient de faire leurs selles sur des souches d'arbres ou une butte de terre. Après leur départ, d'autres pourront « lire » ces signaux à distance. Les chiens qui grattent le sol autour de l'endroit où ils se sont tenus tentent aussi d'attirer l'attention sur leurs « messages ».

Pour le chiot, renifler est l'équivalent d'une poignée de mains ! Les chiens se présentent les uns aux autres en utilisant les odeurs.

Dans le corps du chien, la plupart des glandes émettrices d'odeurs sont groupées autour de la base de la queue. C'est pourquoi, pour obtenir le plus d'informations, les chiens ont tendance à flairer d'abord cette région des humains. Heureusement, ils apprennent vite à renifler nos mains à la place !

L'odeur du clan

Quoique les humains aient un faible odorat par rapport aux chiens, il est intéressant de noter que nous réagissons à l'odeur de notre propre famille et qu'il nous est très facile de reconnaître celle de ceux que nous aimons. On pense que nous sentons la même chose si nous vivons les uns avec les autres. Pareillement, il est probable que les chiens vivant en groupe partagent aussi la même odeur, que cela les aide à se reconnaître l'un l'autre et à fortifier les liens du groupe. Personne ne sait si les humains et les chiens vivant dans la même famille ont la même odeur. Ça pourrait être le cas !

TEST D'ODORAT

Quand tu seras en forêt, ramasse une branche et tiens-la dans tes mains nues pendant 30 secondes environ. Dépose-la ensuite au sol à l'insu de ton chien – assure-toi de ne toucher aucune autre branche autour. Appelle-le alors et vois s'il est capable de trouver la branche que tu as tenue ! Les chiens habitués à ce jeu chercheront la bonne branche et ne se contenteront d'aucune autre, même si elles se ressemblent toutes. Souviens-toi : ne laisse pas ton chien ramasser la branche et la mordiller, car elle peut être pointue. Dresse-le à seulement l'identifier, peut-être en posant la patte dessus.

Le langage des chiens : les sons

Les chiens n'utilisent pas de mots, mais ils ont toute une gamme de jappements, de « yip », de gémissements, de grognements et de « wouf » ! Les chiots apprennent ces sons pour communiquer à distance, mais aussi pour transmettre un message à plus d'un membre de la famille à la fois.

Wouf ! Il existe des types variés de jappement. Chacun dit quelque chose de différent.

Les gémissements et les appels à l'aide

Les chiots dépendent totalement de leur mère pour la nourriture, la chaleur et la protection. Cependant, ils ont de bons poumons et peuvent lancer un cri aigu de détresse s'ils se retrouvent seuls et affamés. Ce cri exerce une puissante influence sur la mère, qui ne peut l'ignorer. Lors d'une expérience, on fit entendre l'enregistrement du cri d'un chiot à une nouvelle mère ; elle quitta ses autres chiots pour rapporter l'enregistreuse au sein de la portée ! À l'âge adulte, le chien geindra pour exprimer qu'il a mal, qu'il a peur ou qu'il a froid, mais il émettra un gémissement très aigu s'il est très excité, par exemple parce que tu sors le promener.

Ce chien jappe pour encourager son ami ! Il lève la patte parce qu'il est enjoué.

Les « yip »

Même les gros chiens peuvent produire de petits glapissements. Ceux-ci sont souvent émis pour signaler qu'ils sont d'humeur joyeuse ou pour attirer l'attention. Ils ont tendance à faire le bruit dans leur gueule en gardant les babines fermées le plus possible. Cela garde leurs dents couvertes et, ainsi, les assure qu'ils ne sont pas menaçants.

Les jappements

Une différence majeure entre les loups et les chiens tient à ce que les loups ne jappent jamais ! Les chiens domestiques jappent pour une foule de raisons – parce qu'ils s'ennuient ou sont excités, cherchent à localiser d'autres chiens ou des gens et donnent l'alerte. Le ton et le timbre du jappement varient selon ce qu'il tente de dire. En général, un très profond « wouuuf » est un aboiement d'alerte signalant des étrangers dans les parages, mais une série de jappements courts et aigus signifiera « tiens-toi à distance ».

Les hurlements

Les loups sont les maîtres du hurlement. Nous connaissons tous ce son angoissant et l'allure que prennent les loups quand ils rejettent la tête vers l'arrière pour hurler à la lune! Les chiens domestiques descendent de la même famille canine et, aussi, hurlent de temps à autre. Certaines races – comme les huskys, les malamutes et les chiens esquimaux – sont plus sujettes à hurler que d'autres. Les chiens ont tendance à hurler pour tenter d'établir un contact avec des membres de leur famille s'ils se sentent seuls ou pour rassembler la famille s'ils sont en « chasse ». Certains chiens hurleront aussi en entendant un air de musique ou de chanson. Peut-être que, pour eux, ça ressemble à un hurlement!

Le hurlement est un son très puissant et il relie les loups comme celui-ci à leurs descendants : les chiens.

À PROPOS DES CHIENS

Grogner en jouant peut ressembler à un grognement agressif, mais l'attitude du chien sera très différente. Il sera enjoué et affichera un langage corporel amical, de petits yeux et de nombreux signaux de bonne humeur.

Les grognements

Les chiens grognent quand ils sont contrariés ou fâchés, mais aussi quand ils jouent. Comme cela peut porter à confusion, il est important d'observer aussi le langage corporel et les expressions faciales du chien pour saisir ce qu'il veut dire. Les grognements sont comme un système d'alarme préventif. Si le chien est vraiment immobile, s'il laisse voir le blanc autour de ses yeux ou s'il a le regard fixe, alors le grognement est une menace. S'il n'y pas de réaction, il pourra décider de mordre pour chasser la personne ou l'autre chien.

Grogner est un avertissement – l'agression suit!

Quand c'est l'heure de jouer!

Tu peux apprendre à «parler» à ton chien et comprendre ce qu'il te «dit» en observant son langage corporel et sa face. Par exemple, plutôt que de sourire pour montrer qu'il est heureux, le chien agite la queue et affiche des expressions faciales détendues pour montrer sa joie.

La révérence de jeu

Le plus clair des signaux de jeu! Le chien abaisse la tête près du sol et élève son arrière-train et sa queue, comme s'il allait bondir. C'est une invitation à jouer, même si ça ressemble un peu au chien qui traque une proie!

À patte levée

Souvent, un chien enjoué te tapotera, toi ou un autre chien, en levant une patte à la hauteur du coude pour donner de petites tapes. C'est un peu comme des humains qui échangent une poignée de mains; ça démontre que le chien est amical.

Les bonds

Certains chiens, les chiots en particulier, bondiront de manière à ce que leurs pattes antérieures piétinent le sol devant nous ou un autre chien. Parfois, les chiots bondiront et se sauveront, pour nous inviter à leur donner la chasse.

La face du jeu

Les chiens adoptent souvent une face de jeu quand ils s'amusent: leurs oreilles pointent vers l'avant, ils froncent les sourcils et leurs babines sont retroussées dans un «rictus». Ils peuvent aussi japper pour attirer l'attention, mais ce sera un son aigu et enjoué plutôt que sourd et profond.

Au jeu! Voici une révérence de jeu classique: la croupe et la queue sont dressées, la tête est basse et le contact visuel est établi.

De toute évidence, ce petit chien veut jouer. Pour inciter au jeu, il lève la patte et pousse la balle avec son museau.

Le coup de hanche

Certains chiens, spécialement les gros chiens dynamiques tels les bergers allemands et les labradors, joueront en écartant leur « adversaire » du chemin. Ils font cela en tournant sur eux-mêmes et en leur donnant un petit coup de hanche.

Les matchs de lutte

Les chiens qui ont mutuellement confiance l'un dans l'autre « lutteront » souvent ensemble en se mordillant les pattes, les oreilles et la face. L'un pourra même s'affaler sur le dos et laisser l'autre chien se tenir au-dessus de lui pendant qu'ils se mordillent. Une fois qu'ils ont bien lutté ainsi, il est fréquent qu'ils échangent leurs places afin que chacun ait son tour d'être le gagnant!

Les jouets de la tentation

Souvent, un chien qui veut jouer t'apportera un jouet ou, même, un objet qu'il aura volé! Typiquement, il te montrera ce qu'il a, puis filera à toute vitesse pour t'inciter à lui donner la chasse. Parfois, il pourra se retourner avec le jouet dans la gueule et fera une révérence de jeu pour t'inciter à venir plus près.

À PROPOS DES CHIENS

Quoique les chiens aiment jouer à la lutte en se mordillant l'un l'autre, ils le font en suivant des règles strictes qui assurent leur sécurité. À cause de cela, tu fais mieux de jouer avec ton chien au moyen d'un jouet qu'il peut attraper et tirailler. Ne lui permets jamais de mordre ta bouche, ta peau, tes vêtements ou tes cheveux. Ce ne sont pas des jeux sécuritaires et on devrait toujours les éviter.

Ces jeunes chiens qui luttent jouent au vainqueur à tour de rôle.

Si ton chien a peur

Comme nous, les chiens sont parfois craintifs. De gros bruits, d'autres chiens ou de nouvelles expériences peuvent les effrayer. Les chiens démontrent leur anxiété par des signaux corporels, en cherchant à se cacher ou en étant prêt à prendre la fuite. Si tu peux déceler ces signes très vite, tu peux aider ton chien en le rassurant – un peu comme son grand frère ou sa grande sœur !

«Je suis inquiet.» La queue de ce chien est repliée sous lui et sa croupe s'abaisse vers le sol.

Prétends que je ne suis pas là !

Certains chiens essayent simplement de prétendre qu'ils ne sont pas là quand ils ont peur. Ils peuvent s'immobiliser complètement de manière à se fondre dans le décor. C'est ce qu'on appelle « se figer ». D'autres détourneront la tête ou renifleront le sol afin de passer inaperçus.

Se faire tout petit

Les chiens tentent souvent de se faire tout petits quand ils se sentent menacés. Alors, ils se recroquevillent, leur corps s'abaisse au sol et leur queue est repliée sous eux. Typiquement, les chiens effrayés aplatiront leurs oreilles contre la tête. Ils peuvent avoir les yeux écarquillés, fixes, tout comme les gens quand ils ont peur.

Observe attentivement

Presque tous les chiens lèchent leurs babines quand ils sont anxieux. Tu pourrais même voir la langue de ton chien jaillir et passer par-dessus son nez – un signe évident qu'il est soucieux. Les chiens cligneront beaucoup s'ils sont stressés et pourront bâiller. Souvent, on interprète cela à tort pour de l'ennui ou de la fatigue.

Un bon soutien

Comprendre comment ton chien se sent est le premier pas à faire pour lui venir en aide. À moins que ce ne soit pour se divertir, comme c'est le cas quand tu regardes un film de peur, personne n'aime être effrayé. C'est pourquoi il faut que tu l'aides à être plus sûr de lui.

Comment apaiser ton chien

Si tu détectes des signes d'inquiétude chez lui, pense à ce qui pourrait l'effrayer. Est-ce un autre chien ? Peut-être est-il intimidé par les gros

À PROPOS DES CHIENS

L'une des plus grosses erreurs que les gens commettent souvent est de croire que leur chien a l'air coupable quand il a fait une gaffe. Les chiens détournent les yeux, rabattent leurs oreilles vers l'arrière et baissent la tête quand leur maître est fâché. Toutefois, ce langage corporel traduit leur peur, non leur culpabilité !

CONSEIL D'EXPERT

Résiste à la tentation de caresser ou de cajoler ton chien s'il donne des signes de peur, car cela pourrait aggraver les choses. Tente plutôt de le distraire avec une friandise ou un jouet, ou attends qu'il se sente brave et prêt à jouer de nouveau.

bruits. Peut-être qu'il n'aime pas quelque chose qui lui arrive ou anticipe-t-il quelque chose de désagréable – comme une visite chez le vétérinaire. Si tu peux identifier ce qui effraie ton chien, tente de le tirer de la situation, si possible, jusqu'à ce qu'il se soit calmé.

Parfois, il est impossible de protéger ton chien de ce qui l'effraie. Par exemple, les chiens ont souvent peur du tonnerre et des éclairs, ou des feux d'artifice. Dans de tels cas, il est très important de ne pas le récompenser involontairement parce qu'il est effrayé ! Bien sûr, tu voudras le rassurer mais, comme les chiens ne comprennent pas le français, il peut penser que tu approuves son comportement craintif. Pour éviter cela, il est préférable de concéder une zone sûre à ton chien, comme l'arrière d'un divan ou sur une couverture, puis de l'ignorer tout à fait. Félicite-le et accorde-lui ton attention seulement quand il se montrera brave de nouveau !

Caresse ton chien quand il aura récupéré et se sentira brave de nouveau. Ne récompense pas un chien peureux !

Les signes d'un chien en colère

Comme les humains, les chiens peuvent se fâcher s'ils se sentent menacés. La plupart préféreraient prendre la fuite quand ils ont peur mais, si leurs options sont limitées – parce qu'ils sont tenus en laisse, par exemple –, ils peuvent alors attaquer. Certains seront agressifs aussi afin de garder la nourriture ou les jouets seulement pour eux!

Ne t'approche jamais d'un chien attaché. Certains peuvent réagir mal s'ils sont prisonniers.

Les chiens utilisent une vaste gamme de signaux pour avertir les autres qu'ils sont en colère ou sur la défensive. Ces signaux sont destinés à donner aux autres la chance de s'écarter de leur chemin afin que n'éclate pas un conflit plus grave – avec lutte et morsures. Les chiens sont une espèce pacifique et, en général, choisiront d'éviter le conflit s'ils le peuvent. Apprendre leurs signaux d'alarme est très important!

Se figer

Ce signal d'alarme peut être très bref ou peut durer plusieurs secondes, voire des minutes. Le corps et la tête du chien s'immobilisent complètement. Il semble même retenir sa respiration!

Le corps raide

Un chien qui a le corps et la queue raides affiche la tension de ses muscles alors qu'il s'apprête à prendre la fuite ou passer à l'attaque. Parfois, ses pattes bougeront raidement, comme si elles étaient en bois, avec des mouvements lents et délibérés.

Sois toujours prudent à proximité d'un chien qui a un os ou un autre objet.

CONSEIL D'EXPERT

Peu importe si tu penses bien comprendre les chiens, tu dois toujours demander la permission avant d'en caresser un qui ne t'appartient pas. Ne touche jamais à un chien inconnu quand tu es dehors.

Le regard fixe

Personne n'aime qu'on le fixe ! Un contact visuel fixe, direct, est une menace en langage de chien, comme ce peut l'être pour des humains. Parfois, les yeux du chien sembleront noirs. La peur ou l'anxiété provoque la dilatation ou agrandissement de la pupille, le centre sombre de l'œil. Cela nous arrive aussi quand nous sommes effrayés.

Grogner

Le grognement est la façon du chien de dire : « Ne viens pas plus près. » Les chiens grognent parfois quand ils jouent à la lutte. Toutefois, un chien qui grogne à propos d'un objet ou de nourriture, ou alors quand on le touche ou l'observe, donne un avertissement clair qu'il pourrait mordre.

Gronder

Le grondement d'un chien correspond un peu à une personne criant après une autre. C'est un avertissement sérieux : le chien utilise le son – un grognement provenant de la gorge – et un signal visuel – il montre les dents. En agissant ainsi, il expose les armes impressionnantes qu'il possède. Il ne veut pas vraiment les utiliser, mais il le fera si nécessaire.

Dernier avertissement !

Les chiens peuvent bouger à la vitesse de l'éclair. Ils exercent aussi beaucoup de contrôle sur leurs réactions et leur corps. Cela signifie qu'un chien peut bondir en avant, comme s'il allait mordre, mais jappera ou claquera des mâchoires plutôt, sans faire contact. Cette réaction est destinée à ce que l'autre chien ou la personne fasse un saut vers l'arrière, s'immobilise ou prenne la fuite. C'est souvent le dernier avertissement et on devrait en tenir compte !

Le système sécuritaire des feux de circulation !

Lumière verte – Approche avec permission.

Tu connais bien le chien et il t'accueille comme un vieil ami. Sa face est ouverte, son corps détendu et ses yeux plissés. Sa queue bat avec d'amples mouvements ou tourne comme un moulin à vent.

Lumière jaune – Sois prudent. N'y touche pas !

Tu ne connais pas bien le chien. Il ne s'approche pas de toi et semble inquiet. Il se lèche les babines et son corps semble un peu tendu. Il peut tenir sa queue basse et frétillante. Il peut prétendre que tu n'es pas là.

Lumière rouge – Éloigne-toi lentement. N'y touche pas !

Tu peux connaître ou non ce chien, mais il se tient raide, tendu et il te fixe. Il peut grogner ou japper et montrer les dents, ou il peut simplement rester immobile, les yeux braqués sur toi.

Si un chien gronde comme celui-ci, il lance un avertissement clair.

Les signes d'un chien heureux

Un chien heureux est habituellement facile à reconnaître. Ses yeux vifs, sa queue frétillante et son expression ouverte et amicale te le diront.

Une face et une queue heureuses témoignent d'un chien heureux.

Bienvenue chez nous

Les chiens sont toujours contents de nous voir quand nous rentrons à la maison et, parfois même, quand nous avons été dans une autre pièce durant à peine quelques minutes ! Les chiens accueillent les membres de la famille en demandant de l'attention et en appréciant notre contact. De nombreux chiens utiliseront tout le corps pour exprimer leur joie : ils se tortilleront et frétilleront. Certains chiens agiteront leur queue si fort qu'elle dessinera des cercles ou ils l'agiteront fortement de gauche à droite.

Certains chiens peuvent sauter sur les gens pour les accueillir. Quoique ce ne soit pas très poli, c'est un geste amical. Le chien cherche à être le plus près possible de ton visage ! D'autres chercheront et rapporteront un jouet à la personne qu'ils accueillent, en guise de cadeau.

S'il vous plaît, aime-moi !

La plupart des chiens aiment les marques d'affection, être caressés, touchés, en particulier sur la poitrine et les flancs. Plusieurs chiens demandent de l'attention en s'approchant de la personne et en posant leur tête sur elle, en clignant des yeux doux. Qui pourrait résister ?

Ton chien peut aussi te donner la patte pour avoir de l'attention. Ce geste remonte à sa première enfance. Il pressait alors le ventre de sa mère avec ses pattes pour demander du lait : un sentiment de soulagement et de confort s'est associé au geste.

Ces chiots sont au comble du bonheur.

À PROPOS DES CHIENS

Savais-tu qu'il est impoli de flatter la tête d'un chien ? Chercher à atteindre sa tête peut être perçu comme un geste menaçant et la plupart des chiens préfèrent de beaucoup qu'on caresse leur poitrine ou leur ventre.

Les chiens peuvent aussi demander de l'affection plus subtilement. Certains s'approchent, puis exécutent un demi-tour pour présenter leur arrière-train afin que tu le grattes. Cela peut sembler étrange, mais c'est la façon du chien de dire : « Je ne suis pas une menace. Je n'ai pas de dents à ce bout-là. S'il vous plaît, caresse-moi ! »

Les chiens apprennent très vite comment obtenir l'attention des humains. Certains concluent que les comportements calmes et discrets sont ignorés, tandis que japper, se placer directement devant l'écran de la télévision ou disperser des jouets sont des moyens sûrs d'être remarqués !

Le sommeil satisfait

Les chiens sont au comble du bonheur quand ils sont calmes et satisfaits. Un chien qui a sommeil peut soupirer profondément, agiter doucement la queue quand tu lui parles et émettre des bruits de satisfaction quand il s'endort. Observe si ton chien cherche à te toucher quand il fait la sieste. De nombreux chiens aiment tellement être en compagnie de leur maître qu'ils dormiront paisiblement tant qu'ils le sentiront près d'eux, mais s'éveilleront et le suivront dès que le maître se lèvera !

LISTE DE CONTRÔLE DU BONHEUR

Sais-tu ce qui rend ton chien heureux ? Coche les cases qui s'appliquent selon toi.

- ☐ Caresser la poitrine.
- ☐ S'amuser avec des jouets.
- ☐ La nourriture !
- ☐ Jouer à la cachette
- ☐ Être gratté sur les flancs.
- ☐ Les jeux de poursuite.
- ☐ Être paisible et endormi en ta présence.

De nombreux chiens aiment qu'on les gratte autour de la base de la queue et ils en redemanderont encore et encore !

Comprendre différentes races de chien

Il existe des centaines de races de chiens dans le monde. Non seulement elles varient dans leur apparence, mais encore elles se comportent toutes différemment aussi. Il en est ainsi parce qu'elles ont été créées pour accomplir des tâches particulières – comme rassembler des troupeaux ou monter la garde. Si tu possèdes un hybride ou un bâtard, expérimente pour connaître le genre de tâches qui plaît à ton chien !

L'épagneul Cavalier King Charles a été croisé comme compagnon et chien de salon. Celui-ci se comporte comme il se doit !

Les chiens courants

Les chiens de chasse ont été choisis pour leur capacité à repérer le gibier et à le traquer au flair ou à vue. Certaines races, comme les fox-hounds et les beagles, ont été élevées pour chasser en meute. Ces chiens ont développé une façon inhabituelle de communiquer entre eux quand ils sont en chasse – ils produisent un son qui mêle le jappement et le hurlement. Les lévriers ont une excellente vue et peuvent apercevoir une cible en mouvement à grande distance. Ce groupe inclut le très beau lévrier afghan et le greyhound, ou lévrier anglais.

Les chiens de chasse ont été hybridés pour traquer le gibier à vue ou au flair.

À PROPOS DES CHIENS

Les épagneuls ont de très longues oreilles. Quand ils ne trouvent rien d'autre à transporter, on en connaît qui transportent leurs oreilles flasques dans leur gueule !

Les chiens de troupeaux

Ce sont les chiens que tu verras rassembler des moutons, du bétail, voire des oies. Ils sont souvent très rapides et réceptifs à leur maître. À cause de cela, les chiens de berger comme les border collies sont excellents aux sports canins comme le flyball et l'agility. Cependant, ils aiment à ce point poursuivre et rassembler des troupeaux qu'ils peuvent avoir des ennuis pour s'être risqués à regrouper des gens !

Les chiens de chasse

Trouver et rapporter durant des expéditions de chasse, c'est la raison pour laquelle ces chiens ont été croisés. Plusieurs races populaires comme les golden retrievers, les labradors et les épagneuls font partie de ce groupe. Ces races se comportent toujours d'une manière qui démontre qu'elles apprécient ce type de travail. Beaucoup prennent plaisir à rapporter et ramasseront un objet pour te l'apporter en guise d'accueil. La plupart de ces chiens adorent aussi l'eau – et patauger dans les mares de boue !

À PROPOS DES CHIENS

Certaines races peuvent ne pas avoir l'air de chiens de troupeaux, mais leurs ancêtres étaient habitués à rassembler le bétail, et elles ont conservé cet instinct. Les lancashire heelers et les corgis sont peut-être courts sur pattes, mais ils ont une endurance peu commune. Ils ont été élevés pour mordiller le jarret des moutons et des vaches pour les faire avancer !

Les chiens de travail

Ce groupe de chiens a été élevé pour aider les humains dans leur travail. Les uns, comme le chien courant bernois, tiraient des chariots, alors que les autres, comme le dobermann, agissaient à titre de gardiens. Le dalmatien a été élevé pour courir à la suite des carrosses tirés par des chevaux, avant qu'il n'y ait des automobiles. Ils protégeaient les riches seigneurs et dames en voyage contre les bandits de grand chemin.

Les chiens jouets ou de salon

Bien sûr, il ne s'agit pas de vrais jouets, mais souvent de races naines. De nombreux chiens de salon ont gardé les instincts de leurs cousins plus gros et ne devraient pas être traités différemment. Ils aiment courir, sauter et jouer et peuvent participer à l'entraînement et aux sports canins comme toute autre race. Les yorkshire terriers et les épagneuls Cavalier King Charles sont particulièrement de bonne compagnie et seront toujours heureux de participer à vos activités.

Les terriers possèdent toujours l'instinct de creuser, puisque la race a été créée pour cette raison.

Quiz canin

Observe les photos pour déterminer ce que le chien « dit ». Pour chaque photo, choisis la réponse a, b ou c, puis additionne tes points pour savoir quel est ton degré de maîtrise du « canin ».

1

- (a) J'ai peur.
- (b) Je suis heureux avec toi.
- (c) Je suis enjoué.

2

- (a) Je te demande de me poursuivre.
- (b) Je suis agressif et dangereux.
- (c) Je suis calme et alerte.

3

- (a) Je m'ennuie.
- (b) Je suis en colère – reste à l'écart.
- (c) Je suis amical – s'il vous plaît, cajole-moi.

4

- (a) Je suis effrayé et je veux fuir.
- (b) Je te demande de jouer.
- (c) Je veux que tu t'éloignes.

5

(a) Ceci m'appartient – tiens-toi loin.

(b) Je suis heureux de partager ceci avec toi.

(c) Je m'occupe seulement de ceci pour un ami!

6

(a) Bonjour, enchanté de faire ta connaissance!

(b) Je ne t'aime pas – va-t-en!

(c) Je pense seulement à mon repas.

7

(a) Je t'aime!

(b) Je vais te mordre!

(c) Je ne suis pas encore sûr à ton égard.

8

(a) Bonjour! Entraîne-moi, s'il vous plaît!

(b) Je suis triste. Laisse-moi tranquille.

(c) Tu ne m'intéresses pas.

9

(a) Je suis heureux de te voir!

(b) Je ne te connais pas – tiens-toi loin!

(c) S'il vous plaît, joue avec moi!

10

(a) Je me sens coupable – je sais que j'ai mal fait!

(b) Je suis heureux et plein d'entrain!

(c) Tu as l'air un peu fâché et ça m'inquiète.

Ton score :

1 à 3 bonnes réponses. Tu as besoin de te pratiquer encore.
4 à 6 bonnes réponses. Bien. Continue d'observer les chiens!
7 à 9 bonnes réponses. Très bien. Tu maîtrises le « canin ».
10 bonnes réponses. Excellent! Tu es un expert en langage des chiens!

Réponses :

1a, 2c, 3b, 4b, 5a, 6a, 7c, 8a, 9b, 10c.

Comment parler à ton chien

Les chiens sont des animaux intelligents et ils peuvent apprendre incroyablement vite. Ils peuvent être dressés à exécuter certaines tâches étonnantes, dont remplir et vider la laveuse, allumer et éteindre les lumières et fermer les portes derrière eux. Certains sont même entraînés à aider leur maître à s'habiller, magasiner et utiliser une caisse enregistreuse ! Ton chien peut ne pas avoir besoin d'apprendre de telles tâches, mais il aura besoin d'apprendre les manières de base. Il devrait obéir quand tu lui demandes de s'asseoir ou de se coucher et quand tu l'appelles. Il est facile d'entraîner ton chien quand tu sais comment – et ton chien adorera apprendre !

Pense à ce qui vous rendra, ton chien et toi, heureux d'apprendre. Tu devras être un enseignant patient pour l'aider à réussir ses cours et comprendre notre langage. Les chiens adorent les mots gentils, les friandises, les jeux et l'affection ; donc, sois généreux quand tu récompenses et heureux quand ton chien réussit ! Une fois que ton chien maîtrisera les exercices de base, tu peux avoir le goût de lui enseigner quelques tours plus avancés – utiles, intelligents ou simplement amusants ! Il y a des tours simples et des tours complexes dans cette section. Essaie-les et stimule, dès aujourd'hui, l'intelligence de ton chien !

Ton chien devra apprendre les bonnes manières.

Ce que les chiens pensent du dressage

Les chiens savent s'asseoir. Ils savent aussi comment se coucher et exécutent des centaines d'autres actions. Ce qu'ils ne savent pas, c'est faire ces choses sur commande. Des gens tentent de se faire obéir en criant ou en menaçant, mais cela ne fait que perturber le chien et lui donnera le goût de fuir son propriétaire. Pour bien dresser ton chien, tu dois comprendre comment il apprend. Tu peux te servir de tes connaissances pour l'aider à s'amuser en apprenant de nouvelles tâches.

Ton chien te surveillera pour savoir ce que tu veux.

Couper le contact visuel et le langage corporel fait comprendre à ton chien que le jeu ou l'entraînement est terminé.

Regarder et apprendre

La plupart des chiens sont des visuels. Cela signifie qu'ils nous surveillent attentivement pour savoir ce que nous voulons. Bien que nous aimions dire aux chiens quoi faire en utilisant la voix, plusieurs saisissent de tout petits signaux de notre langage corporel qui leur indiquent quoi faire.

Dans une étude, des maîtres de chien de berger devaient donner à leurs chiens des ordres, comme « assis » et « couché ». Les chiens étaient bien dressés et répondaient aussitôt quand ils pouvaient clairement voir leurs maîtres. Toutefois, quand les maîtres mirent des lunettes de soleil et un chapeau, les chiens commencèrent à commettre des erreurs. C'est parce que les chiens surveillent nos expressions faciales – même les plus petits mouvements des yeux leur disent ce que nous voulons!

REGARDER OU ÉCOUTER ?

Tente cette expérience pour vérifier si ton chien t'écoute ou s'il « lit » ton langage corporel.

- Place-toi devant un miroir pleine grandeur.
- Appelle ton chien à toi.
- Sans te retourner pour le regarder, demande-lui de s'asseoir.
- Regarde-le dans le miroir !

S'assoit-il immédiatement ou semble-t-il confus ? Le chien peut essayer de marcher autour de toi afin de voir ton visage !

S'il s'assoit tout de suite, il écoutait ta voix. S'il essaie une autre option ou s'éloigne, il y a bien des chances qu'il ait besoin de te regarder pour comprendre ce que tu veux.

Rendre l'apprentissage amusant !

Il ne fait pas de doute qu'en s'amusant, les humains apprennent mieux. Il en est de même pour nos meilleurs amis. Rappelle-toi un moment où tu as vraiment eu du plaisir à apprendre quelque chose de nouveau : danser, nager, faire de la planche à roulettes ou même des mathématiques ! Peu importe la tâche, ton plaisir a probablement fait paraître le temps moins long. Il est aussi probable que tu aies été fier de ta nouvelle habileté. Peut-être as-tu même voulu montrer à d'autres ton nouveau talent. Les chiens ne sont pas différents. Ceux qui ont du plaisir à apprendre n'en ont jamais assez. Eux aussi, ils désirent souvent montrer leur nouveau comportement juste pour le plaisir ! Rappelle-toi de faire des pauses après 10-15 minutes. Vous trouverez tous les deux difficiles de vous concentrer si vous êtes fatigués !

La vraie liberté

Le dressage aidera à garder ton chien heureux et occupé mais, plus important encore, ça lui donnera aussi plus de liberté. Un chien entraîné à bien se tenir en public et qui marche posément à la laisse sera invité à sortir plus souvent qu'un autre qui fait des dégâts. S'il sait se conduire, ton chien prendra plus de promenades et sortira plus souvent avec ta famille et toi que s'il est une nuisance. Encore mieux, il aura plus d'occasions de courir et de jouer avec d'autres chiens.

Marcher correctement : les chiens bien dressés ont plus de plaisir !

Récompenser, récompenser, récompenser !

On aime tous une récompense pour un travail bien fait, et les chiens ne sont pas différents. Le chien a besoin de savoir qu'un bon comportement mérite une récompense de la même manière que nous méritons une étoile pour un bon travail scolaire ou une gâterie pour un examen réussi. Les récompenses encouragent la bonne conduite !

Les chiens peuvent être entraînés à réussir des tours d'adresse étonnants !

Pourquoi se servir de récompenses ?

C'est bien simple, ce qui est récompensé est refait ! Si tu veux que ton chien répète un comportement particulier, tel que s'asseoir, récompense-le et il le répètera ! Les chiens sont intelligents et comprennent vite ce qui est amusant et ce qui ne l'est pas. Tout comme nous, ils évitent les expériences déplaisantes. Ce qui signifie que, si tu cries après ton chien ou le grondes, il peut simplement t'éviter à l'avenir. Bien sûr, pour un chien, de nombreux gestes quotidiens méritent une récompense. Voilà pourquoi certains chiens se conduisent mal. Si le tien saute sur le comptoir de cuisine et trouve un délicieux sandwich au jambon, il y a de fortes chances qu'il y retourne le lendemain !

Plus que tout, les chiens aiment avoir notre attention. Ils adorent qu'on les regarde, qu'on leur parle et qu'on les cajole. Ce qui signifie que crier après lui peut parfois avoir l'effet contraire que celui attendu. Le chien peut répéter son vilain comportement pour avoir plus d'attention ! Japper est un bon exemple. Si ton chien jappe et que tu lui cries après, que penses-tu qu'il

À PROPOS DU CHIEN

- Les chiens peuvent être entraînés à réussir certains tours d'adresse étonnants. Ils peuvent détecter la maladie chez des gens, rechercher des criminels et guider les aveugles.
- La plupart peuvent apprendre un nouveau comportement en seulement quatre essais, s'ils sont correctement récompensés.
- Les chiens peuvent réussir des casse-tête, tels les labyrinthes. En fait, plusieurs chiens adorent faire ça. Pourquoi ne pas en installer un dans ta propre maison ?

Aller chercher est un tour utile que les golden retrievers apprécient.

UN CONSEIL D'EXPERT

Plusieurs personnes pensent que de tapoter la tête du chien est une bonne récompense. Mais pour un chien, c'est tout simplement de mauvaises manières! Peu de chiens aiment être caressés sur la tête et presque tous choisiraient un biscuit à la place. Penses-y de ton point de vue: tu te mérites un A dans un examen à l'école. Que préférerais-tu comme récompense – une caresse sur la tête ou une nouvelle bicyclette?

comprend? Tu crois le réprimander, mais il pense que tu jappes pour l'encourager!

Qu'est-ce qu'une récompense?

Tout ce que ton chien aime est une bonne récompense. En théorie, tu pourrais te servir des activités quotidiennes qu'il aime en guise de récompenses: aller marcher ou pouvoir grimper sur le divan. Cependant, quand tu le dresses, tu dois être capable de donner plusieurs petites récompenses en peu de temps. Ce qui signifie que les friandises sont toujours les meilleures. Pense aux friandises que ton chien préfère. Certains chiens adorent les petits morceaux de saucisse à hot-dog. D'autres aiment les friandises commerciales. D'autres encore aiment les sollutions de rechange santé comme les petits morceaux de fruits ou de légumes. Si tu nourris ton chien avec de la nourriture sèche au moment du repas, une poignée du produit fera l'affaire. Vérifie auprès de tes parents que le type et la quantité de nourriture utilisée sont appropriés.

LA LISTE DES RÉCOMPENSES POUR TON CHIEN

Coche les récompenses préférées de ton chien et ajoute toutes celles qui te viennent à l'idée.

Jouets

- [ ] Balle
- [ ] Jouet à mâchouiller
- [ ] Ballon de football
- [ ] Jouet qui couine
- [ ] Jouet moelleux

Friandises

- [ ] Saucisse à hot-dog
- [ ] Friandises à saveur de foie
- [ ] Fromage
- [ ] Nourriture sèche pour chiens
- [ ] Biscuits pour chiens

Caresses

- [ ] Lui chatouiller la poitrine
- [ ] Lui gratter la croupe
- [ ] Lui caresser le dos
- [ ] Lui frotter le ventre

Les friandises sont très utiles pendant le dressage.

Pour commencer

Commencer à dresser ton chien est facile. Tu as besoin seulement d'un petit espace et d'un temps tranquille afin que ton chien et toi puissiez vous concentrer. Assure-toi d'avoir des récompenses dans un contenant – les petites friandises, molles et savoureuses, sont les meilleures – et tu es prêt à commencer !

Dresser ton chien à écouter dès que tu prononces son nom est la partie la plus importante de son entraînement.

Avoir l'attention de ton chien quand tu dis son nom

Amener ton chien à te regarder quand tu es dans la maison est facile, mais attirer son attention quand tu es dehors et qu'il y a un écureuil en vue, c'est tout autre chose ! Tu dois pratiquer cet exercice n'importe où.

1. Place-toi devant ton chien. Dis le nom de ton chien sur un joyeux ton.

2. Dès qu'il te regarde, dis « bien » et donne-lui une friandise. L'expression « bon » lui dit ce qui lui vaut sa récompense.

3. Répète cet exercice trois ou quatre fois.

4. Maintenant, pratique quand ton chien est un peu distrait – vérifie si tu peux l'obliger à se retourner vivement et à te regarder dès que tu dis son nom.

S'asseoir sur commande

Dresser ton chien à s'asseoir sur commande est simple et très efficace. Il y a des centaines de choses qu'il ne peut pas faire quand il est simplement assis. Penses-y! Si ton chien est assis, il ne peut pas se sauver, sauter, pourchasser des choses, voler des souliers, mâchouiller tes jouets… La liste est sans fin, alors enseigne-lui à s'asseoir sur commande dès aujourd'hui!

1. Montre à ton chien que tu as une friandise dans la main. Mets-la lui près du nez afin qu'il puisse la sentir.
2. Lève ta main en montrant l'arrière afin qu'il ait à regarder bien haut pour suivre tes doigts. Ce mouvement provoque une réaction en chaîne – son derrière doit descendre. Prends soin de garder la main près du nez de ton chien. Si ta main est trop haute, il sautera pour essayer de saisir la nourriture.
3. Dis «bien» et donne à ton chien la récompense dès qu'il s'assoit. Maintenant, dis le mot «assis» juste avant de bouger la nourriture.
4. Répète cet exercice plusieurs fois.
5. Maintenant, tu dois entraîner ton chien à s'asseoir sans te servir de nourriture. Laisse les friandises dans le contenant, afin de ne pas avoir de nourriture dans les mains.
6. Demande à ton chien de s'asseoir, juste une fois! S'il le fait, dis «bien» immédiatement et donne-lui une récompense du contenant. Si ton chien ne s'est pas assis quand tu l'as demandé, aide-le en faisant semblant que tu as une friandise dans la main, puis dis «bien» et récompense-le d'avoir fait un effort.

«ASSIS» EST AMUSANT

Nord, sud, est et ouest.
Demande à ton chien de s'asseoir devant toi. Dis «bien» et récompense-le. Maintenant, déplace-toi de façon à regarder dans une autre direction et demande-lui encore de s'asseoir. Fais ça deux autres fois afin qu'il se soit assis en face de tous les coins de la chambre.

La position assise intelligente
Demande à ton chien de s'asseoir, puis commence à compter les secondes jusqu'à ce qu'il le fasse. S'il le fait en moins de trois secondes, jette-lui une friandise afin qu'il court après. Entre trois et cinq secondes, donne-lui la friandise de ta main. Plus de cinq secondes, aucune friandise!

Vérifie la position assise!
Demande à ton chien de s'asseoir. Maintenant, vérifie si tu peux le garder assis alors que tu plies les genoux, frappes dans tes mains ou t'assois près de lui sur le plancher. Le test ultime est de vérifier si tu peux rouler une balle devant lui sans qu'il se lève!

Enseigne à ton chien à être bien assis sur commande en toute situation.

L'entraînement à la propreté

Les chiens sont naturellement des créatures très propres et ils choisiront toujours d'aller à la toilette loin de leur tanière si possible. Cependant, nous avons encore besoin d'enseigner à nos chiens la propreté dans la maison et de leur fournir de nombreuses occasions d'aller à la toilette dehors.

Prévenir les dégâts !

Apprendre à reconnaître quand ton chien a besoin d'aller à la toilette est la première étape. Les moments les plus probables sont :

- après avoir mangé ;
- après son réveil ;
- après une session de jeu et après tout événement excitant, tel ton retour de l'école.

Tu dois aussi être capable de détecter les premiers signes indiquant que ton chien a besoin d'aller à la toilette. La plupart des chiens renifleront le plancher alentour, tourneront en rond ou s'accroupiront ou commenceront à paraître distraits.

1. Quand tu soupçonnes que ton chien a besoin d'aller à la toilette, encourage-le en sortant avec lui. Amène-le à la même place chaque fois et donne-lui un commandement comme « hâte-toi ! »

2. Attends avec ton chien, puis félicite-le, donne-lui une friandise ou un jeu, dès qu'il a terminé d'aller à la toilette.

3. Après quelques minutes, si ton chien montre qu'il n'y arrive pas, ramène-le à l'intérieur. À cette étape, tu sais qu'il y ira probablement bientôt. Tu dois garder un œil sur lui tout le temps, afin qu'il n'ait aucune chance de faire une bêtise.

Si tu ne peux pas surveiller ton chiot, il est important de le confiner dans une cage ou un espace qu'il est facile de garder propre. Ne lui crie jamais après et ne le punis pas si tu l'as laissé commettre une erreur. Ce n'est qu'un accident.

Un tableau d'honneur à la propreté

Colle des étoiles dorées sur un calendrier chaque fois que ton chiot va à la toilette au bon endroit. Combien d'étoiles y a-t-il ? Le nombre d'étoiles devrait augmenter chaque jour !

Nous devons voir à aider nos chiens à apprendre la propreté !

CONSEIL D'EXPERT
Ne t'engage pas dans des jeux où tu roules par terre avec ton chiot ou à des jeux dans lesquels il agripperait tes vêtements, ta peau ou tes cheveux. Ce serait comme lui donner la permission de mordre les gens et tu annulerais tous tes efforts précédents.

Les morsures de chiot

Mordre en jouant est normal chez tous les chiots avant l'âge de 18 mois, mais tu dois faire quelque chose pour l'arrêter. Les chiots ont de petites dents très coupantes – quand ils mordent, ça fait mal ! Aide-le à découvrir ce qui est vivant et ce qui ne l'est pas.

Enlève-lui de l'idée que mordre est amusant. Ne ris pas, ne crie pas ou ne hurle pas si ton chiot mord. Il a plutôt besoin d'apprendre que mordre blesse et n'est pas permis !

1 Chaque fois qu'il prend dans sa gueule tes mains ou tes vêtements, gémis fort, prononce un gros « aie ! » ou crie, puis tourne-toi comme si tu soignais tes blessures douloureuses.

2 Ignore ton chiot pendant environ 20 secondes, puis continue de le toucher. Répète le « aie ! » et retourne-toi chaque fois que tu sens ses dents.

3 Les morsures de ton chiot devraient diminuer après trois ou quatre semaines. À ce moment, ton chiot réalisera qu'il ne peut pas mettre de pression sur toi. Ensuite, tu peux gémir même s'il ouvre la gueule gentiment sur toi – lui enseignant finalement qu'il ne peut pas te mordre du tout.

CONSEIL D'EXPERT
Assure-toi de procurer un tas de jouets à mâchouiller à ton chiot pour qu'il fasse ses dents dessus ! Garde en tête que si tu ne lui en donnes pas, toute ta maison peut lui sembler être un jouet géant à mâchouiller !

Des leçons pour la vie

Bien que ça puisse sembler étonnant, tous nos chiens de compagnie descendent des loups. Quoiqu'ils diffèrent de bien des façons de leurs cousins sauvages, ils n'ont pas perdu toute ressemblance. Des études ont démontré que si les chiens n'ont pas suffisamment de contacts avec les humains quand ils sont petits, ils grandissent en se conduisant comme s'ils étaient sauvages. Ils n'apprennent jamais à faire confiance aux humains ou à apprécier leur compagnie.

Les chiots apprennent comment être amicaux avec les gens pendant une courte étape de leur développement : entre l'âge de 5 et 12 semaines. Bien sûr, les chiots continuent d'apprendre après ce temps, mais toute leur vision des choses est probablement marquée par leurs expériences durant cette période.

Les rencontres et les salutations

Les chiots ont besoin de rencontrer autant de personnes différentes que possible et de s'y mêler afin de se sentir plein d'assurance dans leur vie future. Pour un chiot, un être humain qui porte un casque peut très bien ressembler à un être venu de l'espace, tandis que des enfants qui sont allés à une fête et ont la figure peinte peuvent être totalement méconnaissables ! Tous les chiots doivent être exposés à autant de vues, d'odeurs, de sons, de goûts et de textures que possible afin d'être capables de se débrouiller dans le monde autour d'eux.

Les chiots ont besoin de rencontrer autant d'animaux et de gens différents que possible.

CONSEIL D'EXPERT

Si ton chiot semble un peu nerveux quand il rencontre quelqu'un de nouveau, ne le force pas. Laisse-le bâtir sa confiance à son propre rythme. Ignore-le quand il est inquiet ; félicite et récompense plutôt le comportement brave.

Salue ton chiot en t'accroupissant.

Plan d'action pour ton chiot

Dès que ton chiot arrive à la maison, il a besoin de se mêler au plus grand nombre de gens possible et de découvrir le monde autour de lui. Même s'il n'a pas reçu tous ses vaccins, il peut être laissé dehors, aux alentours, pour voir et entendre le trafic routier, les poussettes de bébé et le tohu-bohu général de la vie. Garde en tête que le chiot doit être exposé à plusieurs sortes d'environnement différent, particulièrement ceux que tu pourrais fréquenter dans le futur. Cela signifie que si tu vis à la campagne, les voyages à la ville sont essentiels. Si tu vis en ville, fais un voyage à la campagne!

À PROPOS DES CHIENS

Plusieurs chiots sont malades en voiture au début mais, tout comme nous, ils s'en sortent avec le temps et la pratique. De courts et fréquents voyages en auto sont essentiels pour tous les chiots afin de les habituer au mouvement du véhicule. Amène aussi ton chien en train et en autobus. Plus il fait d'expériences, plus il sera confiant vis-à-vis tous les différents moyens de transport plus tard.

ACTION, RÉACTION!

Coche la case quand ton chien a vu et entendu chacune de ces choses. Donne-lui une étoile dorée quand il les a vues et entendues trois fois et plus!

Dans la maison

- ☐ L'aspirateur
- ☐ La laveuse
- ☐ Le séchoir à cheveux
- ☐ La sonnerie du téléphone
- ☐ Les atomiseurs
- ☐ Les planchers de bois / les tapis
- ☐ Les escaliers
- ☐ D'autres animaux de compagnie, comme les chats

Dehors

- ☐ Les véhicules automobiles
- ☐ La foule
- ☐ Les bicyclettes
- ☐ Les poussettes pour bébé
- ☐ Le bureau du vétérinaire
- ☐ L'extérieur de ton école
- ☐ Marcher sur l'herbe
- ☐ Marcher sur du gravier
- ☐ De grands espaces
- ☐ De grands édifices
- ☐ Des joggers
- ☐ D'autres animaux
- ☐ Des avions qui volent au-dessus de la tête

Ne fais pas ça !

Les chiens ne sont pas toujours des anges ! Parfois, ils peuvent se conduire par des façons que nous trouvons embêtantes ou même dangereuses. Quand cela arrive, les chiens ne le font pas par malice. Ils démontrent simplement un comportement normal et naturel que nous acceptons mal.

Si le tien fait quelque chose que tu n'aimes pas, essaie d'envisager la situation de son point de vue. Tu verras vite le problème d'un tout autre angle ! Par exemple, si ton chien est surexcité quand tes amis arrivent, demande-toi s'ils ne le « récompensent » pas involontairement en s'excitant eux-mêmes. Si ton chien devient trop bruyant, demande-toi s'il s'exerce assez dehors ou s'il s'ennuie dans la maison. Si tu cries, peut-être qu'il pense que, vraiment, tu jappes ton encouragement ! Essaie de « penser comme un chien » plutôt que de t'énerver. Tu seras surpris de la différence que cela peut faire.

Zone libre !

Sauter est un comportement amical, particulièrement chez les chiots ; aussi, il est important de ne pas punir nos chiens quand ils le font. Pense plutôt à ce que tu aimerais que ton chien fasse pour saluer les gens – garder les quatre pattes sur le sol ou, mieux encore, s'asseoir ! Lui enseigner « assis pour accueillir » est relativement simple.

CONSEIL D'EXPERT
Plusieurs chiens adorent rapporter un jouet quand tu reviens de l'école et cela semble aussi les empêcher de sauter.

1 D'abord, assure-toi que toute la famille est d'accord pour que tout saut soit ignoré dans la maison.

2 Tourne-lui le dos et croise les bras si ton chien saute. Félicite-le et caresse-le s'il s'assoit et reste calme.

3 Il est très important que personne ne le caresse quand il saute – peu importe le plaisir qu'on a de le voir !

Détourne-toi de ton chiot s'il saute.

Voler la vedette

Voler des objets dans la maison et s'enfuir avec est un sport de chien ! Hélas, cela conduit à toutes sortes de problèmes plus tard si ce comportement est encouragé quand le chien est jeune. Les chiens d'arrêt sont les plus à même de découvrir que courir avec tes jouets ou ta brosse à cheveux met toute la maison dans un tollé ! C'est équivalent à gagner à la loterie pour chiens !

Une fois encore, considère ce comportement du point de vue de ton chien. Il est là, étendu sur le tapis, ignoré de tous. Il mâchouille calmement un jouet pour chiens. On l'ignore toujours. Il s'ennuie, se lève et va vers tes jouets. Il en ramasse un. Soudain, toute la maisonnée lui tombe dessus ! Il se sauve et un grand jeu de poursuite s'ensuit autour de la maison et du jardin ! Devine ce qu'il fera la prochaine fois qu'il voudra avoir un peu de plaisir !

Empêche ton chien de voler

Assure-toi que ton chien ne peut attraper tes objets les plus précieux. Les chiots aiment particulièrement les chaussettes, les parures de cheveux élastiques, les stylos et les souliers. Si le tien ramasse quelque chose qu'il ne devrait pas, mais que tu peux sacrifier, sacrifie-le. Les linges à vaisselle, les débarbouillettes et les mouchoirs de papier peuvent tous être oubliés. Assure-toi seulement que ton chiot n'avale pas ce qu'il vole. Lève-toi et sors de la pièce afin de lui montrer que ça ne te fait rien.

Ne crie jamais et ne poursuis pas ton chien pour ces objets. Plutôt, appelle-le à toi et donne-lui une friandise en échange des objets que tu ne peux pas sacrifier. Enseigne à ton chien à chercher et rapporter des objets pour toi (voir la page 73). Cela utilise son instinct naturel et lui évite les ennuis.

Les chiens volent souvent pour obtenir une réaction.

Couché !

La plupart des chiens apprennent vite à se coucher sur demande, mais ils ont besoin de motivation. Sers-toi d'une friandise délicieuse pour l'aider au début. Tout comme toi quand tu fais des mathématiques à l'école, le chien a besoin de temps et de patience pour réussir !

Couché

1 En tenant une friandise près du nez de ton chien, abaisse lentement ta main vers le plancher, directement entre ses pattes de devant. Garde la main retournée, avec la friandise cachée dans ta paume fermée. De cette façon, le chien voudra enfouir son nez en-dessous et tournera la tête de côté pour la lécher.

2 Tu seras capable de dire si ton chien essai – il lèvera une patte pour essayer d'atteindre la friandise dans ta main, son devant descendra comme s'il s'inclinait ou il reculera légèrement. Tout cela signifie que tu n'as qu'à attendre. Éventuellement, tout son corps s'aplatira au sol.

3 À l'instant où ton chien est couché, dis « bien », puis laisse tomber la friandise sur le plancher et laisse-le la manger. Cela évite que le chien suive ta main de nouveau vers le haut comme un yoyo !

4 Répète cela plusieurs fois, quelquefois avec de la nourriture dans ta main, quelquefois sans. Une fois que tu peux garantir que ton chien se couchera en suivant ta main jusqu'au plancher, tu peux maintenant dire le mot « couché » juste avant de bouger la main. Répète cela 20 fois au moins !

Attire ton chien lentement dans la position « couchée » en utilisant une friandise.

Sans te servir de nourriture

1 Maintenant, tiens-toi debout bien droit. Montre à ton chiot que tu as une friandise, puis cache ta main derrière ton dos.

2 Demande doucement à ton chien « couché », mais ne l'aide pas de ta main. La plupart des chiens essaieront de s'asseoir ou de donner un coup de patte avant de penser qu'il pourrait se coucher. Sois patient et essaie de ne pas répéter le mot.

3 Au moment où ton chien se couche, dis « bien » et donne-lui plusieurs friandises !

4 Répète cela plusieurs fois à plusieurs endroits différents de la maison et du jardin jusqu'à ce que ton chien réponde de façon satisfaisante n'importe où.

Pratique-toi à garder ton chien dans la position « couché » pendant de plus longues périodes.

Maintenant reste !

Une fois que ton chien a appris à s'asseoir ou à se coucher sur commande, tu peux lui enseigner à rester dans cette position plus longtemps, en attendant avant de dire « bien » et de le gâter.

1. Demande à ton chien de s'asseoir ou de se coucher, compte jusqu'à deux et donne-lui la friandise.

2. Demande à ton chien de s'asseoir ou de se coucher, attends cinq secondes, puis dis « bien » et donne-lui la friandise.

3. Demande à ton chien de s'asseoir ou de se coucher, attends sept secondes, puis dis « bien » et donne-lui la friandise.

4. Demande à ton chien de s'asseoir ou de se coucher, compte jusqu'à 30, puis dis « bien » et donne-lui plusieurs friandises !

UN JEU D'ENTRAÎNEMENT

Le défi est de voir si tu peux garder ton chien couché pendant que :

- tu attaches tes lacets (compte deux points) ;
- tu te tiens droit sans bouger avec les mains sur la tête (compte un point) ;
- tu frappes dans tes mains (compte trois points) ;
- tu regardes une publicité à la télévision (compte quatre points) ;
- tu t'éloignes de deux pas de ton chien, puis tu avances de deux pas vers lui (compte deux points) ;
- tu t'agenouilles sur le sol à côté de ton chien, puis tu te relèves (compte trois points) ;
- (le plus difficile) tu marches en faisant le tour de ton chien (compte cinq points).

Combien de points as-tu obtenus ?

Le score le plus élevé est 20 points.

0 à 4 points : uh-oh ! Retourne enseigner à ton chien comment se coucher au commandement et à y rester. Pratique un certain temps, puis essaie-toi de nouveau !

5 à 10 points : bien réussi. La pratique mène au succès. Fais un nouvel essai avec les plus difficiles !

10 à 15 points : excellent ! Tu as manifestement fait tes devoirs. Vise 20 sur 20 la prochaine fois !

15 à 20 points : génial ! Ton chien et toi irez loin. Continuez le bon travail !

Mets les mains sur tes hanches. Est-ce que ton chien reste immobile ?

Venir à l'appel

Enseigner à ton chien à venir quand il est appelé lui donnera plus de liberté quand il est dehors. Cependant, assure-toi que le voisinage est assez sécuritaire pour qu'il ne porte pas de laisse et qu'il n'y ait ni trafic routier ni animaux aux alentours. Garde-le en laisse s'il n'y a aucun adulte pour te superviser.

Au début

1 En te tenant à seulement quelques pas de ton chien dans la maison, appelle-le d'une voix amicale. Par exemple : « Pitou, viens ! »

2 Bouge la friandise dans ta main tendue pour encourager ton chien à venir à toi. S'il ne répond pas, tape des mains ou fait des bruits idiots. Puis, en te servant de la nourriture comme d'un leurre, recule juste d'un ou deux pas. Si ton chien se déplace d'un seul pas vers toi, dis « bien » et donne-lui plusieurs friandises tout de suite en les laissant tomber sur le sol devant toi.

3 Graduellement, augmente la distance que doit faire ton chien pour venir chercher la nourriture, en t'assurant de le récompenser généreusement. Si ton chien aime jouer avec des jouets, joue aussi avec lui pour le récompenser parfois.

4 Maintenant, pratique-toi à l'appeler à des moments inhabituels dans et autour de la maison. Développe sa mémoire avant de pratiquer dans le parc ou dans la forêt, où il y a plus de distractions. Ici, tu peux te servir d'une laisse longue ou extensible si tu n'es pas certain de la façon dont ton chien répondra. Garde en mémoire que plus il y a de distractions, plus tes récompenses et tes éloges doivent être gratifiants !

Ton chien devrait aimer répondre à ton appel. Essaie de ne l'appeler que pour de bonnes choses, comme des câlins, de la nourriture et des promenades.

CONSEIL D'EXPERT

Ne gronde jamais ton chiot parce qu'il a mis trop longtemps pour venir à toi – cela ne fera que le décourager de venir la prochaine fois !

LA COURSE AUX ENCHÈRES

Voici un bon jeu pour toute la famille. L'idée est de voir qui peut attirer le chien à lui le plus vite. Le tien te fera savoir qui, selon lui, donne les meilleurs éloges et les meilleures friandises quand il répond à l'appel.

- Assure-toi que tous les membres de la famille ont le même nombre de friandises – disons vingt.
- Déployez-vous afin d'être à peu près à la même distance les uns des autres.
- La première personne appelle le chien et tous doivent maintenant compter pour savoir combien de temps met le chien pour la rejoindre.
- Aussitôt qu'il arrive, la personne dit « bien » et lui donne des friandises. On décide combien selon le temps de réponse du chien !
- La personne suivante l'appelle et tente de battre le temps de la première personne.
- On continue jusqu'à ce que chaque membre de la famille ait eu deux tours ou jusqu'à ce que les friandises soient épuisées !

Amuse-toi dehors !

Certains chiens répondent très bien quand on les appelle parce qu'ils savent que leur maître apporte des jeux et de merveilleuses friandises. D'autres choisissent d'être « opportunément sourds » dans le parc – probablement parce que leur maître les ignore jusqu'à ce qu'ils rentrent à la maison ! Cela enseigne au chien que son maître est vraiment très ennuyant par rapport à tout ce qu'il voit et sent autour de lui, et, aussi, que venir quand il est appelé signifie la fin de son plaisir ! Assure-toi d'être un joyeux compagnon quand tu promènes ton chien. Joue souvent avec lui. Donne-lui plusieurs récompenses parce qu'il vient vers toi pendant les promenades, et non seulement quand tu lui mets sa laisse pour le ramener à la maison !

Toute la famille peut aider ton chien à apprendre à venir quand on l'appelle. Faites en sorte que ce soit amusant !

Marcher en laisse

La raison principale pour laquelle tant de chiens tirent sur la laisse est qu'on les a récompensés pour l'avoir fait ! En tirant ainsi, ils arrivent au parc plus vite et conduisent leurs maîtres où ils veulent aller plutôt que le contraire !

Tu dois commencer l'entraînement à la laisse en un lieu calme et tranquille, et non quand tu tentes d'atteindre le parc ! Le chien a besoin de savoir quelle est sa place quand tu l'entraînes à marcher calmement en laisse ; le signal du mot « bien » prend alors tout son sens. Plutôt que de dire au chien de cesser de tirer sur la laisse, mets fin à son plaisir simplement en t'immobilisant. Quand le chien est à sa place, fais-lui savoir en disant « bien », en lui donnant une friandise, puis poursuivez la promenade.

Tous les chiens doivent être entraînés à marcher calmement à la laisse.

Montre le chemin !

1. Dans le salon, le vestibule ou le jardin, mets la laisse à ton chien. Ne bouge pas pour commencer. Tiens la laisse près de ton corps pour empêcher ta main d'être tirée vers le chien. Ne fais pas un pas si la laisse est tendue.
2. Tiens une friandise dans ta main libre. Laisse savoir à ton chien qu'elle y est ! Aussitôt que ton chien relâche la laisse et te regarde, dis « bien » et donne-lui la friandise.
3. Fais un ou deux pas dans la direction de ton choix. Surveille attentivement la position de ton chien. S'il y a une tension sur la laisse, ne bouge plus ou change soudainement de direction. Ne va pas dans la celle voulue par ton chien si la laisse est tendue !
4. Chaque fois que la laisse se relâche, dis « bien » et donne-lui une friandise.
5. Répète cet exercice plusieurs fois, puis arrête et joue à un jeu. Sois généreux avec les friandises au début – c'est un exercice difficile !

Une fois que l'entraînement à l'intérieur et dans le jardin va bien, tu peux le poursuivre dehors pendant les promenades. Ne t'attends pas à réussir trop vite ! Au début, tu peux t'immobiliser plus souvent que tu n'avanceras, mais sois patient.

Collier idéal, laisse idéale

Quelle sorte de collier et de laisse ton chien choisirait-il ? Pour être en sécurité et confortable, les chiens ont besoin d'un collier aussi large que possible, n'ayant pas moins de 2 cm (3/4 po) de largeur. Tu devrais être capable de placer deux doigts sous le collier pour vérifier qu'il lui va bien. La laisse de ton chien peut être faite de n'importe quel matériau, comme le cuir ou le nylon, mais les laisses en chaînons sont inconfortables à tenir et peuvent effrayer ton chien si tu l'échappes accidentellement.

Le collier de tête est une façon d'arrêter ton chien de tirer sur la laisse (en bas, à droite). Il joue le même rôle que la bride du cheval et te laisse l'entière direction. Les harnais sont une confortable sollution de rechange (ci-dessus). Les chaînes qui étranglent et les colliers à pointes ne devraient jamais être utilisés. Il n'y a aucun substitut au dressage et à la pratique bien exécutés !

Des laisses et des colliers appariés sont offerts en plusieurs différents motifs, couleurs et styles. Tu peux même acheter des colliers élégants avec des pierres ou des lumières clignotantes pour les promenades nocturnes !

«Laisse» la nourriture et les objets

Les chiens explorent le monde en prenant des choses dans leur gueule pour vérifier leur goût et leur texture. Ils volent aussi pour attirer l'attention. Apprendre à ton chien à ne pas toucher certains objets peut s'avérer une vraie planche de salut, aussi bien qu'une façon d'éviter que tes affaires soient mâchouillées !

Pour lui apprendre le commandement « laisse », assure-toi d'être dans un lieu calme et tranquille. Si ton chien est gourmand ou utilise ses dents, demande à un adulte de t'aider au début.

1 Tiens une friandise dans ta main, en refermant bien les doigts autour. Tends la main à ton chien et attends pendant qu'il sent et lèche, essayant d'atteindre la nourriture. Garde le silence. Garde ta main immobile, si possible.

2 Observe attentivement. Aussitôt que ton chien éloigne son nez de ta main, même pendant une fraction de seconde, dis « bien » et donne-lui la friandise.

3 Répète cela plusieurs fois. Plusieurs chiens apprennent à garder leur gueule loin de nos mains au bout de quatre essais environ.

4 Maintenant, compte jusqu'à trois après que ton chien a éloigné son nez de ta main, puis dis « bien » et donne-lui une friandise. Plusieurs chiens détournent la face complètement comme s'ils voulaient résister à la tentation. C'est bon signe !

5 Laisse s'écouler 10 secondes pendant que ton chien attend, le nez bien loin de ta main. À ce moment, tu peux ajouter le commandement « laisse ». Dis-le d'une voix calme et tranquille avant que le chien voit la nourriture.

6 Une fois que ton chien a compris, répète l'exercice mais, cette fois, dis « laisse », puis montre-lui la nourriture dans ta main ouverte. S'il essaie de la prendre, referme tes doigts autour d'elle. Ne retire pas ta main.

7 Prolonge l'exercice en pratiquant avec de la nourriture dans ta main, sur des meubles ou le plancher. Après plusieurs répétitions, les chiens de tout âge apprennent très vite que le mot « laisse » signifie « ne touche pas » – peu importe l'objet ou l'endroit où il se trouve.

Attention ! Les chiens sont d'habiles fouineurs. Si tu laisses de la nourriture sans surveillance, ils la mangeront !

Quand tu enseignes «laisse», tiens une friandise fermement dans la main. Attends que ton chien retire son nez avant de le récompenser.

Vérifie ton dressage

Comment maîtrises-tu le dressage? N'oublie pas de récompenser et de féliciter ton chien quand il réussit bien.

Tâche	Réaction du chien		
	Excellente	Bien	Besoin de pratique!
Demande à ton chien de s'asseoir quatre fois de suite.			
Demande à ton chien de se coucher, puis regarde une publicité à la télévision. Ton chien doit rester couché tout le temps!			
Marche avec ton chien en laisse relâchée autour du jardin et sur le trottoir. À aucun moment la laisse ne doit être tendue.			
Demande à ton chien de laisser un morceau de nourriture posé sur ta main ouverte jusqu'à que tu aies compté jusqu'à 10.			
Demande à ton chien de s'asseoir, puis de se coucher sans nourriture dans ta main.			
Demande à ton chien de s'asseoir. Mets-lui sa laisse. Il doit demeurer assis pendant que tu l'attaches, puis l'enlèves.			
Appelle ton chien depuis une autre pièce, en utilisant un seul commandement. Vient-il tout de suite?			

Ton résultat:
7 sur 7: Excellent! Félicitations!
4 sur 7 ou plus: Bien fait. Continue le bon travail!
Moins de 4 sur 7: Besoin de plus de pratique. Rappelle-toi, chaque chien travaille à son propre rythme.

Tours : rouler sur le sol et donner la patte !

Les tours sont une façon fantastique d'amuser votre chien tout en renforçant votre relation. Du point de vue d'un chien, tous les exercices et toutes les tâches sont des tours. Alors, enseigne-les en t'amusant et le cœur léger. Ton chien adorera ça !

Roule sur le sol

Enseigner à ton chien à rouler sur lui-même sur commande facilite le toilettage et signifie qu'il a confiance en toi. C'est aussi un fameux truc, surtout s'il est bien maîtrisé !

1 Demande à ton chien de se coucher.

2 Une fois couché, regarde dans quelle direction les hanches de ton chien sont orientées. En te servant d'une friandise tenue près de sa gueule, attire sa tête de manière à ce qu'il regarde vers l'arrière, par-dessus son épaule.

3 Continue le mouvement avec la friandise alors que le chien retombe sur le flanc.

4 Encourage ton chien tout le temps. Tiens bien la friandise pendant qu'il roule sur le dos. Dis « bien » et donne-lui une friandise dès qu'il a fait un tonneau.

5 Arrête de leurrer ton chien aussi vite que possible. Laisse-le comprendre ce qu'il doit faire pour obtenir le « bien » et la friandise.

6 Ajoute le commandement « roule » seulement quand ton chien est capable de le faire par lui-même.

7 Perfectionne le tour en pratiquant jusqu'à ce que ton chien puisse enchaîner le tonneau à la position debout pour finir en revenant en position debout. Ça, c'est vraiment impressionnant !

Certaines races, comme les dobermans et les whippets, ont de la difficulté à réussir ce tour sur une surface dure, probablement parce qu'ils ont un dos plutôt osseux et mal protégé. Essaie de le faire pratiquer sur un tapis moelleux ou une couverture, et récompense-le même pour le plus petit effort dans la bonne direction.

Apprendre à ton chiot à rouler sur lui-même l'aide à bâtir sa confiance en soi.

Donner la patte

Un tour mignon dans lequel ton chien semble donner la main!

1 D'abord, encourage ton chien à s'asseoir devant toi. Donne-lui un petit morceau de nourriture de ta main.

2 Tiens un autre morceau fermement dans ton poing fermé, près du plancher. Maintenant, observe attentivement! Tu vas dire « bien », puis libérer la friandise dès que ton chien bougera sa patte. La plupart des chiens vont d'abord essayer de renifler la nourriture avec leur nez ou leur gueule. Si tu retiens la nourriture, il essaiera alors une tactique différente en touchant ta main avec sa patte. Récompense-le immédiatement. Répète au moins quatre fois.

3 Comment établir une règle. Ton chien doit faire un mouvement délibéré pour toucher ta main avec sa patte avant d'obtenir la récompense.

4 Élève ta main à quelques centimètres du plancher. Ton chien devra lever la patte plus haut pour toucher ta main. Dis « bien » et donne-lui une friandise immédiatement pour chaque bon essai.

5 Quand ton chien offre correctement la patte, tu peux ajouter le mot qui sert de commandement. Dis « donne la patte » et attends. Ton chiot serrera bientôt la main sur commande!

Certaines races semblent spécialement habiles à donner la patte sur commande. Les golden retrievers, les labradors et les épagneuls sont souvent des experts. Attention si tu tiens un verre de jus dans la main!

Je suis enchantée de faire votre connaissance! Enseigne à ton chien à donner la patte.

Tours : tourner sur lui-même et la figure en huit !

Tourner sur lui-même

Enseigner à ton chien à tourner sur lui-même est un truc génial. Certains chiens, comme les collies et les terriers Jack Russell, l'aiment particulièrement. Si tu es un vrai bon entraîneur, tu peux enseigner à ton chien à tourner sur un paillasson – il s'essuiera donc les pattes avant de rentrer !

1 Déplace une friandise en traçant un grand, large cercle autour de ton chien pour le leurrer, de façon à ce que sa tête touche presque sa queue. Aussitôt qu'il a complété un cercle, dis « bien » et donne-lui une friandise.

2 Répète cela plusieurs fois jusqu'à ce que ton chien commence à se déplacer automatiquement en cercle en suivant ta main.

3 Maintenant, leurre ton chien en traçant un cercle, mais sans friandise en main. Dis « bien » et donne-la-lui s'il a exécuté un cercle complet. Montre-lui combien tu es fier de lui !

4 Ajoute le commandement. Dis « tourne » juste avant de déplacer ta main. Pratique cela plusieurs fois jusqu'à ce que ton chien commence à bouger quand tu dis le mot.

5 Pour donner une tournure plus professionnelle, il est préférable que ton chien réponde à un mot plutôt qu'à un signal de la main. Tiens-toi droit et dis-lui « tourne ». S'il le fait, dis « bien » et donne-lui une poignée de friandises ! Il est génial, après tout ! S'il hésite un peu ou semble confus, aide-le en faisant un petit mouvement de la main, puis vois s'il peut s'en tirer tout seul !

La plupart des chiens suivront avec joie une friandise en tournant. Déplace ta main lentement au début.

Figure en huit

Enseigner à ton chien à se déplacer autour de tes jambes en traçant un « 8 » demande de l'habileté – et de l'équilibre ! Prends ton temps pour enseigner lentement et correctement ce truc, en particulier si tu as un gros chien ou les jambes courtes.

1 Debout sans bouger, tiens une friandise dans chaque main.

2 En commençant avec ton chien à ta gauche, plie ton genou droit vers l'avant et attire ton chien sous ta jambe droite avec la friandise dans ta main droite. Dis « bien » et donne-la-lui.

3 Répète cela plusieurs fois, afin que ton chien se sente vraiment à l'aise de passer sous ta jambe pliée.

4 Maintenant, répète encore mais, au lieu de donner la friandise après qu'il soit passé sous ta jambe droite, montre-lui immédiatement que tu as aussi une friandise dans ta main gauche – placée derrière ta jambe gauche. Attire-le sous ta jambe gauche, puis dis « bien » et donne-lui la friandise.

5 Enchaîne les deux mouvements. Tu vas maintenant découvrir que ton chien trace un huit en passant sous tes jambes ! Pratique cette étape plusieurs fois et sois généreux avec les friandises et les compliments. Ignore ton chien s'il fait des erreurs – à la place, essaie de nouveau !

Donne à ton chien autant d'éloges et d'encouragements que de friandises.

Après quelques temps, pratique le tour sans nourriture dans les mains. Puis commence à aider ton chien en bougeant les genoux plutôt qu'en le leurrant avec tes mains. Des chiens rapides peuvent même se faufiler entre tes jambes en traçant un huit pendant que tu marches !

Tours : marcher à reculons et rapporter

Marcher à reculons

Un truc drôle qui a aussi son utilité ! Pour éloigner ton chien de la télévision, le faire pénétrer dans un espace étroit ou le faire monter sur la balance chez le vétérinaire. C'est amusant !

1 Ton chien doit se tenir devant toi. Tiens une friandise juste au-dessus et près de son nez afin qu'il sache qu'elle est là, puis abaisse-la afin qu'elle soit juste un peu sous son menton.

2 La plupart des chiens font alors un petit pas vers l'arrière pour essayer de l'attraper dans leur gueule ! Observe attentivement. Dès que tu vois ses pattes arrière bouger, dis « bien » et libère la friandise.

3 Répète cela plusieurs fois. Il est difficile pour certains chiens d'établir la connexion entre penser à leurs pattes arrière et obtenir la friandise ; alors, sois patient et assure-toi de dire « bien » clairement quand tu le vois reculer.

4 Petit à petit, augmente le nombre de pas que ton chien doit faire vers l'arrière pour obtenir la friandise. Pratique peu mais souvent, et assure-toi que ton chien s'amuse ! Dis le mot « recule » pour demander à ton chien de marcher à reculons juste avant de déplacer la friandise sous son menton.

5 Finalement, essaie le truc sans friandise dans la main. Si ton chien répond au signal de ta main seulement, alors dis « bien » et donne-lui plusieurs friandises du même coup. Il les mérite !

Tiens une friandise sous le menton de ton chien et il marchera à reculons pour l'obtenir.

Rapporter

Certains chiens, comme les labradors et les épagneuls, rapportent naturellement des objets. D'autres ont besoin d'un peu d'encouragement. Ce truc a plusieurs usages. Si ton chien rapporte, tu peux lui demander de t'apporter le courrier, des vêtements, comme tes bas, et même la télécommande!

L'art de rapporter parfaitement consiste à amener ton chien à prendre un objet, puis à te le donner sur demande.

1. Débute avec un jouet ou un objet qu'aime ton chien, comme un jouet moelleux ou un morceau de tissu.

2. Aie quelques friandises à portée de la main. En tenant l'objet dans ta main, offre-le à ton chien. S'il le renifle, dis « bien » et donne-lui une friandise. Répète cela quelques fois.

3. Maintenant, attends pour quelque chose de plus. Cette fois, tu veux que ton chien essaie de prendre l'objet dans sa gueule. S'il le fait, laisse-le le tenir pendant une seconde, puis dis « bien » et donne la friandise. Laisse filer le temps pendant lequel il tiendra l'objet jusqu'à 20 secondes.

4. Maintenant, mets l'objet sur le plancher. Tu peux l'agiter et le faire bouger comme un serpent, mais ne le lance pas.

5. Aussitôt que ton chien prend le jouet, laisse-le aller et recule-toi immédiatement. Encourage ton chien à venir à toi, puis demande-lui de te donner le jouet.

Dis toujours « bien » et donne une friandise durant les premières étapes d'entraînement du chien dans cet exercice. Cependant, après un certain temps, le plaisir de jouer à rapporter des objets sera une récompense suffisante en elle-même!

Enseigner à ton chien à rapporter offre de nombreux avantages.

Sois prudent envers un chien inconnu

Tu peux être un expert en compréhension du comportement de ton propre chien, mais sois toujours prudent avec les chiens «inconnus». Tout comme les gens, certains sont amicaux, d'autres non. Observe les lignes de conduite ci-dessous pour assurer ta sécurité.

À éviter

N'approche jamais un chien que tu ne connais pas. Même s'il paraît amical, il peut ne pas vouloir jouer ou être caressé. Ne va jamais, au grand jamais, près d'un chien qui est seul ou près d'un groupe de chiens qui vagabondent.

Si un chien est avec son maître, il est poli de demander avant de le cajoler. S'il répond que tu peux, tends la main et laisse le chien te sentir avant de le toucher. Ce ne sont pas de bonnes manières canines que d'essayer de toucher un chien à la tête ou au cou. La plupart des chiens aiment être chatouillés sur la poitrine. Le maître verra que t'y connais en comportement de chien!

Sois un arbre!

Ne cours jamais, ne crie pas ou n'agite pas les bras en t'éloignant d'un chien. Cela les excite et peut peut-être les amener à te pourchasser. Agis plutôt comme un arbre! Reste très calme et croise les bras. Regarder directement un chien peut être perçu comme une menace; alors, regarde au loin et attends qu'il parte. Appelle un adulte si tu as peur.

Joue la sécurité

Même si c'est tentant, ne joue jamais avec un chien à moins qu'un adulte soit avec toi. Même les petits peuvent être forts et très rapides et ils peuvent te blesser sans le vouloir. Les gros chiens peuvent te renverser accidentellement. Aie donc toujours un adulte avec toi, si tu joues avec un chien.

Reste immobile et calme si tu crains un chien que tu ne connais pas.

Certains chiens ne peuvent résister aux bicyclettes. Utilise la tienne comme une barrière si tu es inquiète.

Un danger nommé chien !

N'approche jamais, au grand jamais, un chien attaché ou enchaîné. Ne taquine jamais un chien qui est derrière une clôture ou une grille. Ce sont des situations très dangereuses, donc tiens-toi loin. La chienne prenant soin de ses chiots peut aussi être fâchée si tu approches, donc demande à un adulte avant de toucher.

Alerte au vélo

Certains chiens sont très excités quand ils voient des enfants sur des bicyclettes. Ils veulent courir et les pourchasser. Plus tu pédales rapidement, plus ils veulent te rattraper. Si un chien que tu ne connais pas approche quand tu es à vélo, la meilleure façon de négocier cela est d'en descendre. Avec celui-ci entre toi et le chien, reste immobile. Ne fais aucun bruit, reste sans bouger et attends que le chien ne s'intéresse plus à toi avant de remonter sur ta bicyclette, ou appelle un adulte à ton secours.

Ne dérange pas les chiens endormis

C'est une importante consigne ! Ne dérange jamais un chien qui dort, car tu pourrais le surprendre. Tout comme nous, les chiens peuvent être très grincheux quand ils sont éveillés soudainement !

Ne touche pas à ma nourriture !

Les chiens qui mangent ou qui rongent un os ou un jouet peuvent se sentir menacés si tu es trop près ; alors, accorde-leur une bonne marge. N'essaie jamais de prendre quelque chose de la gueule d'un chien – même si tu penses qu'il pourrait se blesser.

CONSEIL D'EXPERT

- N'approche jamais un chien que tu ne connais pas !
- Demande toujours au propriétaire avant de toucher son chien.
- Ne taquine jamais les chiens, ne crie pas près d'un chien ou ne te sauve pas d'un chien en courant.
- Demande l'aide d'un adulte si tu es inquiet.

Des jeux et du plaisir

Les chiens adorent jouer à des jeux. La chasse, la « tag », la cachette et les chasses au trésor comptent toutes parmi leurs préférés ! Les jeux sont importants pour les chiens pour plusieurs raisons : ils aident à bâtir des amitiés, permettent au chien d'exercer ses talents de « chasseur » et sont une excellente occasion pour décompresser !

À l'état sauvage, un chien consacrerait une bonne partie de sa journée à la recherche de nourriture – la chercher, la trouver et la manger. Il devrait être habile à creuser pour des racines et à trouver des baies et des fruits. Il devrait chercher de l'eau à boire et se trouver un endroit convenable où dormir. Dans notre monde, les chiens ont beaucoup moins à faire. On leur donne la nourriture dans un bol, on les amène en promenade quand on le veut et ils ont l'eau du robinet ! Même si cela leur rend la vie plus facile, cela peut aussi les ennuyer, et même les frustrer un peu. Certains chiens peuvent devenir malins si on ne leur donne pas assez à faire et à penser. Les jeux et les casse-tête permettront à ton chien de se servir de ses habiletés naturelles tout en exerçant son intelligence. Combien peux-tu en inventer ?

Les jeux sont importants pour les chiens pour plusieurs raisons.

Les casse-tête et les jeux

Ton chien arrive pourvu d'un équipement spécial pour la recherche et la résolution de casse-tête – ses yeux, son nez et son intelligence ! À l'état sauvage, les chiens sont conçus pour trouver de la nourriture, un abri et des camarades de jeu. Il n'est pas étonnant qu'ils s'ennuient assis au pied du divan. Jouer à des jeux qui permettent à ton chien d'utiliser ses habiletés particulières fournira un exutoire à son trop-plein d'énergie et il voudra être avec toi plus que jamais.

LA CHASSE AU TRÉSOR

Parfait pour les chiens actifs qui adorent leurs jouets.

Tu auras besoin :

- du jouet préféré de ton chien.

Règles du jeu

- Commande à ton chien de rester assis pendant que tu caches le jouet dans une autre pièce.
- Reviens vers ton chien et dis-lui de trouver son jouet.
- Accompagne-le pour encourager sa quête.
- Si ton chien est doué pour ce jeu, cache le jouet à des endroits chaque fois plus difficiles !

LA RECHERCHE À LA VOLÉE

Parfait quand tu manques de temps !

Tu auras besoin :

- du repas de ton chien,
- du jardin (ou de la cour arrière),
- d'un kong (jouet de caoutchouc en forme de pyramide creuse).

Règles du jeu

Si tu nourris ton chien avec de la nourriture sèche et que tu as accès au jardin (ou à la cour arrière) :

- commande-lui de rester assis pendant que tu jettes à la volée sa nourriture dans l'herbe,
- dis-lui de la trouver – et de manger !

Si tu nourris ton chien avec de la nourriture humide (comme la nourriture en conserve) :

- commande-lui de rester assis pendant que tu introduis la nourriture dans le kong à l'aide d'une cuillère.
- demande-lui de sortir la nourriture du kong pour manger.

Les chiens excellent à trouver des objets cachés ; alors, fais-en son jeu préféré !

LE COUP DE LA TASSE

Parfait pour les chiens brillants qui aiment les défis.

Tu auras besoin :

- de quelques friandises,
- d'une vieille tasse ou d'une chope,
- d'une montre avec une trotteuse ou d'un chronomètre.

Règles du jeu

- Commande à ton chien de rester assis pendant que tu mets une friandise sous la tasse tournée à l'envers.
- Dis-lui de trouver la friandise et calcule le temps qu'il met à la trouver.

Les chiens ont tous des façons différentes d'aborder ce casse-tête ! Les uns se serviront de leurs pattes pour pousser ou renverser la tasse ; les autres de leur nez ou de leurs dents pour la déplacer. Quelques petits malins prendront même la tasse par l'anse pour atteindre la nourriture !

Une fois que ton chien a résolu ce casse-tête, répète-le et chronomètre-le de nouveau. Est-il plus rapide la deuxième, la troisième et la quatrième fois ?

LE MESSAGE DANS LA BOUTEILLE

Parfait pour les chiens qui aiment réfléchir.

Tu auras besoin :

- de quelques bouchées de nourriture sèche ou des friandises sèches,
- d'une grosse bouteille d'eau vide (jette le bouchon et vérifie qu'elle s'écrase sans se fendre).

Règles du jeu

- Avec ton chien assis à ton côté, insère les friandises dans la bouteille vide.
- Donne la bouteille à ton chien et laisse-le réfléchir à la manière d'en extraire les friandises en la secouant et la faisant rouler !

Garde le cerveau de ton chien occupé et actif.

Jouer avec des jouets

Jouer remplit un rôle majeur dans la vie de ton chien. Le jeu favoriserait le développement du cerveau du chiot tout autant qu'il lui permet d'avoir du plaisir et de pratiquer ses habiletés de chasseur !

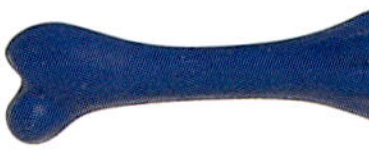

Le jeu excite beaucoup certains chiens qui courront et tirailleront leurs jouets d'instinct ! D'autres ont besoin d'un peu d'aide et d'encouragement.

Suis les directives ci-dessous afin de t'assurer que ton chien joue selon les règles !

1 Sers-toi toujours d'un jouet ! Ne permets pas à ton chien d'attraper tes mains, tes vêtements ou tes cheveux ou de lutter corps à corps sur le plancher. Sers-toi d'un jouet à tirailler long, comme une balle au bout d'une corde ou un autre jouet qui garderont tes mains bien loin de sa gueule.

2 Enseigne à ton chien à tirailler le jouet en le tenant près du sol et à le bouger comme un serpent sur le plancher. Permets à ton chiot de courir après le jouet, puis bondis dessus et saisis-le. Jouez à le tirailler gentiment !

3 Maintenant, apprends à ton chien à laisser le jouet sur commande. Après une partie de tiraillage, garde ta main sur le jouet, mais sans y mettre de pression. Offre-lui ensuite une friandise vraiment délicieuse. Il lui est impossible de garder le jouet dans sa gueule et de manger en même temps ; aussi, dès qu'il lâche le jouet, dis « bien » et laisse-le manger. Laisse le jouet où il est – ne l'enlève pas d'un geste rapide, sinon ton chien pensera que tu es un voleur de jouet !

4 Dès que ton chien a mangé la nourriture, joue encore et répète la routine. Après trois ou quatre essais, la plupart des chiens laissent tomber d'eux-mêmes le jouet à la vue de la nourriture. Dès que cela se produit, dis « laisse » ou « donne » très calmement, juste avant qu'il le laisse.

5 Ton chien doit se conformer aux règles d'or du jeu. S'il effleure tes mains ou ta peau avec ses dents pendant le jeu, tu dis « désolé » et le jeu s'arrête à l'instant !

Garde les jouets près du sol quand tu joues et apprends à ton chien à lâcher prise sur commande.

Jouer en solo

Les chiens doivent apprendre à s'occuper quand ils sont seuls. Cela n'inclut pas vider les poubelles ou mâchouiller les meubles ! Les jouets à mâchouiller et les jouets qui récompensent le jeu solitaire sont des alternatives idéales.

Les jouets Kong ou des jouets creux comme les balles Activity, qu'on peut farcir de nourriture, sont bons. De vieilles boîtes de carton et des bouteilles d'eau vides font d'excellents jouets aussi, spécialement si vous insérez un peu de nourriture sèche à l'intérieur. Vérifie que les bouteilles de plastique s'écrasent sans se fendre.

LES MEILLEURS JOUETS

Pour jouer avec toi
- Les jouets à tirailler
- Les balles sur corde
- Les balles à lancer
- Les ballons de soccer

Pour qu'il joue seul
- Les kong
- Les jouets à mâchouiller
- Les cubes Buster
- Les balles Activity
- Les bouteilles d'eau vides sécuritaires

La magie des deux jouets

Si ton chien est bon pour courir après les jouets, mais joue à garder le jouet au loin plutôt qu'à te le ramener, essaie ce tour pour être sûr que vous avez toujours un jouet chacun !

1 Commence avec deux jouets identiques. Lance un jouet à ton chien et laisse-le courir après, puis le ramener. N'essaie pas de prendre celui qu'il a mais, à la place, lance ton jouet dans les airs et joue avec tout seul. Ton chien se désintéressera vite du sien et voudra le tien à la place !

2 Dès qu'il laisse tomber son jouet, lance le tien et prend l'autre. Tu gardes les doigts en sécurité et tu contrôles le jeu !

Sers-toi de deux jouets identiques si tu veux rester en contrôle du jeu.

Les activités extérieures

Sur la bonne voie

Les chiens se servent beaucoup de leur nez! En tant qu'humains, nous ne pouvons imaginer combien d'information les chiens peuvent recueillir par leur odorat. La capacité naturelle de ton chien à user de son nez peut contribuer à un jeu de pistes.

Tu peux répandre une odeur pour que ton chien la suive ou laisser des articles le long d'un sentier pour qu'il les trouve. C'est une activité à laquelle toutes les races peuvent prendre part – tu n'as pas à posséder un limier! C'est fantastique de voir son chien suivre une piste « invisible » et faire quelque chose d'aussi naturel pour lui.

Pister est quelque chose que tu peux faire toi-même. Ou encore tu peux te joindre à un groupe organisé. Si tu veux l'essayer par toi-même, commence par trouver un espace gazonné – le jardin (ou la cour arrière) ou un parc – sur lequel personne n'a marché depuis quelques heures. Tu peux avoir besoin de te lever tôt pour ce jeu!

Tous les chiens ont l'odorat très développé et peuvent apprendre à suivre une piste à l'extérieur.

1. Attache ton chien de façon sécuritaire ou demande à quelqu'un de le tenir pour toi.
2. Commence à un certain endroit, près d'un arbre, par exemple, ou plante un bâton dans le sol pour marquer ton point de départ.
3. Fais 10 pas en ligne droite à partir de ton point de départ. Arrête-toi et met quelques friandises dans un pot, ou dépose le jouet favori de ton chien sur le sol.
4. Reviens sur tes pas.
5. Maintenant, prends ton chien et amène-le au point de départ. Encourage-le à flairer le sol en le lui montrant de la main. Laisse-le suivre ta piste, puis donne-lui la récompense au bout!
6. Pratique-toi à lui enseigner à suivre des pistes de plus en plus longues chaque jour. Ton chien deviendra bientôt un expert à te pister, à pister tes amis et ta famille ou, même, de prétendus « criminels » comme un chien policier!

Le chien dribbleur

La plupart des chiens adorent jouer au soccer! Certaines races poussent le ballon avec leur nez, d'autres se servent de leurs pattes et d'autres encore aiment simplement garder les buts. Sois prêt avec quelques friandises et un ballon de soccer.

1. Demande à ton chien de s'asseoir afin qu'il se concentre.

2. Place une friandise juste sous le ballon et permets à ton chien de la trouver. Il poussera le ballon hors du chemin avec son nez afin de prendre la friandise. Dis « bien », dès que son nez touche le ballon.

3. Pratique cela environ 10 fois. Ramasse le ballon entre chaque nouveau départ.

4. Maintenant, dépose le ballon, mais ne mets pas de friandise dessous. La plupart des chiens le pousseront de toute façon pour voir s'il y a une friandise. Dis « bien » et donne-lui une friandise de ta main s'il le fait. Pratique ce jeu de nombreuses fois jusqu'à ce que ton chien dribble le ballon comme un pro!

Ton chien est-il la prochaine grande étoile du ballon rond?

Les sports et les concours canins

T'amuser avec ton chien peut être une excellente façon de faire de nouveaux amis et d'apprendre de nouvelles habiletés. Il y a de nombreux clubs et activités associés aux sports canins – certains spécialement pour les jeunes. Il y a même des fins de semaine de dressage pour les enfants et leurs chiens !

Agility pour tous !

Faire partie du club d'*agility* de ta localité est une bonne façon pour ton chien d'être en forme et de se faire des amis. Ton chien apprendra à sauter par-dessus des obstacles, courir dans des tunnels et marcher sur des poutres élevées – un peu comme les concours de sauts pour chiens. N'importe quelle race peut essayer, mais ton chien doit avoir plus d'un an pour participer aux sauts.

Le plaisir du flyball

Le flyball est un jeu rapide et déchaîné basé sur une course à relais entre chiens. Ils doivent courir loin de leur maître en ligne droite, sauter par-dessus quatre obstacles, déclencher une boîte spéciale afin de libérer une balle de tennis, attraper la balle, puis retourner au point de départ en sautant par-dessus les quatre obstacles et remettre la balle au prochain chien de son équipe. Fiou ! Des chiens de toutes les races et de toutes les grosseurs peuvent participer, puisque la hauteur des obstacles est à la mesure du plus petit chien de l'équipe. Pourquoi ne pas l'essayer ?

Les chiens adorent sauter ! Le tien devra avoir plus d'un an et être en bonne santé pour faire partie d'un club d'agility.

Les épreuves de travail

Les épreuves de travail ont été mises au point pour tester les capacités de travail de chiens comme les bergers allemands. Ils apprennent à traquer et à chercher des objets manquants, à faire de hauts sauts et de longs sauts, à marcher au pied, à rapporter une haltère, à venir à l'appel, à rester sur place et à s'éloigner de leur maître pour un lieu en particulier. L'entraînement pour ce sport demande beaucoup de pratique et implique souvent d'être dehors par tous les temps. C'est en définitive pour les amateurs d'activités extérieures !

À l'eau

Tous les chiens peuvent nager, quoique certaines races soient meilleures que d'autres. Le Terre-Neuve, le caniche et le chien d'eau portugais ont été hybridés pour travailler dans et autour de l'eau. Si tu n'as pas la mer ou un lac près de chez toi, ne désespère pas. Les piscines pour chiens sont la solution ! Certaines te permettront même de nager avec ton chien.

UNE MINICOURSE À OBSTACLES

Tu peux faire une minicourse à obstacles dans ta propre cour arrière.

- Fabrique des mini-obstacles avec des tiges de bambou et des bouteilles d'eau vides. Fixe leur hauteur selon la taille de ton chien.
- Construis un « sentier pour chiens » en te servant d'une planche en équilibre sur des briques. Mets les briques au milieu pour faire une minibascule !
- Fixe un tunnel jouet au sol (pour éviter qu'il ne roule). On en trouve dans les boutiques de jouets ; ils font de superbes cadeaux d'anniversaire pour ton chien ou toi.

Une fête dansante

La danse avec ton chien, connue aussi sous le nom d'obé-rythmée (obéissance rythmée) est très amusante ! Les chiens apprennent à réussir des tours en suivant la musique et leurs maîtres sont souvent habillés selon le thème de la pièce sur laquelle ils dansent. Si tu as enseigné quelques trucs à ton chien futé, pourquoi ne pas les regrouper et les exécuter sur une musique que tu aimes devant ta famille et tes amis ? Ton chien adorera les applaudissements !

Danser avec son chien devient un sport très populaire.

Les questions que tu as toujours voulu poser !

Quelle est la plus petite race de chien ?

Le chihuahua est la plus petite race. Il peut peser aussi peu que 0,9 kg (deux livres) et le chiot peut tenir dans ta main ! Les plus grandes races de chien sont le lévrier irlandais, le grand danois, le saint-bernard, le barzoï (lévrier russe), le berger d'Anatolie (kangal) et le mastiff anglais. Ils peuvent mesurer jusqu'à 90 cm (35 pouces) à l'épaule.

Un chihuahua (gauche) et un grand danois (droite) : les chiens sont incroyablement variés dans leurs personnalités, leurs formes et, bien sûr, leurs tailles !

Pourquoi mon chien bâille-t-il ?

Les chiens bâillent pour différentes raisons – pas seulement parce qu'ils sont fatigués ! Les gens et les chiens bâillent tous quand ils sont stressés, ennuyés ou soulagés. Bâiller permet au chien de prendre plus d'oxygène, ce qui signifie que le corps est prêt à l'action, mais il permet aussi aux muscles de relaxer. Bâiller est hautement contagieux. Tu peux même avoir envie de bâiller en lisant ceci ! Les chiens peuvent « s'échanger » le bâillement de l'un à l'autre et peuvent même nous imiter aussi quand nous bâillons !

Mon chien rêve-t-il ?

Il est très probable que les chiens rêvent quand ils dorment. Certains peuvent grogner, gémir ou se crisper pendant leur sommeil comme s'ils couraient ou grondaient. Bien sûr, nous ne savons pas vraiment si les chiens rêvent en images et en sons comme nous le faisons, mais il semble sûr qu'ils peuvent avoir des cauchemars équivalents aux nôtres, tout autant que des rêves plaisants, à la façon dont leur corps bouge dans leur sommeil !

Mon chien voit-il en couleurs?

Bien sûr, nous ne pouvons pas demander aux chiens ce qu'ils voient et cela rend difficile de savoir exactement comment ils voient le monde. Nous savons que les yeux des chiens sont faits différemment des yeux humains et qu'ils n'ont pas le même nombre ni le même type de cellule que nous pour voir les couleurs. Mais leur monde n'est pas en noir et blanc. Quoiqu'ils ne peuvent probablement pas voir le vert ou le rouge, ils peuvent distinguer d'autres nuances et teintes dans une certaine mesure.

Les chiens ont une bien meilleure vision de nuit que nous. Cela signifie qu'ils peuvent voir des objets dans le noir comme s'ils luisaient. Les chiens sont aussi capables de détecter le mouvement beaucoup mieux que les humains et on pense qu'ils voient les lumières clignotantes mieux que nous. Cela signifie qu'ils voient les images à la télévision comme une série de photos plutôt qu'une image animée!

On pense que les chiens tournent en rond avant de s'installer pour faire leur nid.

À PROPOS DES CHIENS

- Le plus vieux chien enregistré avait 29 ans. C'était un bouvier australien.
- Le basenji est la seule race de chien qui ne jappe pas. À la place, ils émettent un son qui ressemble à iodler!
- Les dalmatiens naissent blancs. Leurs taches commencent à apparaître seulement quand ils ont environ deux semaines.

Pourquoi mon chien tourne-t-il en rond avant des'installer pour dormir?

Les chiens tournent et tournent souvent en rond avant de s'installer. On pense que c'est une façon de « faire son nid ». À l'état sauvage, un chien s'installerait sur des feuilles et de la mousse pour dormir dehors, pas dans un lit à l'intérieur. Nos chiens de compagnie possèdent toujours l'instinct de rendre leur lit aussi confortable que possible. Tourner en rond piétine la literie en forme de nid parfait!

Pourquoi mon chien...?

Les chiens ont des dents impressionnantes pour déchirer, mordre et broyer leur nourriture.

Pourquoi mon chien a-t-il de si grandes dents?

Les chiens sont omnivores. Cela signifie qu'ils mangent et de la viande et des légumes. À l'état sauvage, ils devraient chasser pour leur dîner – pourchasser, attraper et tuer leur proie. Leurs longues canines sont recourbées comme des crocs pour leur permettre d'agripper leur proie et de déchirer la chair. Alors que nos dents arrière sont faites pour mâcher, les leurs le sont pour broyer les os et les muscles. Les dents du chien sont des armes formidables – et ils les transportent toujours avec eux! Heureusement, quand les chiens sont tout jeunes, la plupart d'entre eux apprennent à se servir de leur gueule avec délicatesse. Ça nous permet d'être en sécurité quand nous sommes avec eux.

Pourquoi mon chien me lèche-t-il?

Les chiens lèchent les gens en signe d'affection. Cela commence quand ils sont tout jeunes et que la mère lèche ses chiots pour les laver, ce qui les réconforte et les rassure. Les chiots lèchent aussi leur mère pour lui montrer qu'ils veulent manger. En léchant leur mère, ils espèrent qu'elle régurgitera de la nourriture pour eux. Cette action n'est jamais oubliée et certains chiens lèchent leur maître pour lui montrer leur affection longtemps après qu'ils ont été des chiots. Lécher est aussi une façon qu'ont les chiens d'obtenir de l'information sur les gens et leur milieu. Les chiens ont un très bon odorat et, parfois, ils goûtent les choses pour l'accroître. Certains chiens de race semblent lécher plus que d'autres. Les flat-coated retriever, par exemple, sont bien connus pour la quantité de coups de langue qu'ils donnent!

Les coups de langue sont un signe d'affection qui commence entre les chiots et leur mère.

Pourquoi mon chien grogne-t-il quand nous jouons ?

Les chiens grognent pour plusieurs différentes raisons. Ils peuvent émettre ce son quand ils ont peur ou pour nous avertir de ne pas approcher. Quoi qu'il en soit, les chiens grogneront aussi quand ils jouent, cela faisant partie du rôle qu'ils se donnent : paraître faussement redoutables. Peut-être est-ce un peu comme les enfants qui jouent au « monstre » au terrain de jeu ! Les chiens grognent, le plus souvent, s'il jouent avec un jouet en tirant dessus dans une épreuve de force. Dans l'ensemble, grogner en jouant ne doit pas t'inquiéter aussi longtemps que le langage corporel de ton chien demeure détendu et amical. Si le tien montre les dents, s'immobilise tout à coup ou met ses dents sur toi en jouant, alors arrête le jeu immédiatement.

Pourquoi mon chien dépasse-t-il les autres chiens en faisant une courbe ?

Les chiens sont très bons à se saluer l'un l'autre poliment pendant une promenade. Si les deux chiens n'ont pas de laisse, il y a bien des chances que l'un d'entre eux fasse une large courbe autour de l'autre, avant de le renifler pour dire bonjour. C'est un peu comme se présenter, ce qui est beaucoup plus amical que de marcher de front vers l'autre, geste pouvant être interprété comme une menace. Marcher en courbe donne à chacun des chiens le temps d'évaluer l'autre et signifie qu'ils peuvent se sentir rassurés par le comportement poli de l'autre chien.

À PROPOS DU CHIEN

Les chiens ont deux dentitions, comme les humains. La première dentition, connue sous le nom de dents de lait, est équivalente aux dents du bébé. Elles se mettent à bouger et tombent graduellement avant que le chiot ait atteint cinq mois. Tu peux trouver ces dents sur le plancher après que ton chien a mâché ou joué.

Les chiens se saluent l'un l'autre de façon polie et amicale par une approche en courbe plutôt que frontale.

Glossaire

Adolescence. L'âge, approximativement entre 5 et 18 mois, pendant lequel ton chien est l'équivalent d'un adolescent humain.

Bâtard. Un mélange de différentes races ou types de chien.

Cage. Une niche intérieure pour ton chien (à droite).

Canin. Un mot utilisé pour décrire tout ce qui est « chien » ; il vient du mot latin canis qui signifie chien.

Chien d'arrêt. Un type de chien qui, traditionnellement, participait aux chasses pour rapporter les oiseaux tombés ; par exemple les golden retrievers et les épagneuls.

Chien de meute. Des races de chien qui participaient à la chasse pour aider à repérer la proie et la traquer. Certains, comme les lévriers, ont une excellente vue et sont capables de voir les choses très loin ; d'autres, comme les limiers, ont un nez excellent pour suivre les odeurs.

Chien de travail. Ces chiens remplissent traditionnellement toutes sortes de tâches pour aider les humains. Certains étaient des chiens gardiens, comme les dobermans ; d'autres aidaient à la ferme, comme les bouviers bernois, qui tiraient des chariots.

Chien de troupeaux. Des races de chien dont on se sert à la ferme pour surveiller les moutons, les vaches et parfois d'autres animaux comme les oies ! Un exemple, le border collie.

Chiens jouets. Le nom d'un groupe de races, habituellement naines, qui adorent la compagnie et les câlins sur vos genoux.

Collier de tête ou licou. Très similaire à la bride du cheval. Différent du collier qui se place autour du cou, le collier de tête se place plutôt sur le museau et la tête du chien.

Commandement. Le mot que tu dis quand tu veux que ton chien prenne une position particulière, par exemple : « assis » ; ou accomplisse une tâche, par exemple : « cherche ».

Croisement. Un mélange de deux races bien connues de chien.

Friandise. Un petit morceau de nourriture que ton chien aime comme une saucisse à hot-dog.

Jouet à mâchouiller. Un jouet spécialement conçu pour mâchouiller, comme un os en caoutchouc.

Jouet à tirailler. Un jouet qui peut avoir un humain à un bout et un chien à l'autre! Un jouet à tirailler, peut-être une corde nouée, par exemple.

Kong (jouets). Un jouet creux en caoutchouc que ton chien mâchouille et qui peut être farci de friandises.

Langage corporel. L'utilisation par le chien de postures corporelles, d'expressions faciales et de mouvements de la queue pour communiquer.

Leurrer. Utiliser une friandise pour encourager ton chien à prendre la position que tu désires qu'il prenne.

Museau. Le nez et la gueule du chien.

Nourriture sèche / humide. La nourriture pour chiens humide vient en boîte de conserve et en sachet. La nourriture sèche pour chiens, en granules, vient souvent en boîte ou en sac.

Parcours d'*agility*. Une course à obstacles, incluant des sauts, des tunnels et des passerelles.

Piste. Une série de signes laissés par une personne ou un animal. Nous ne pouvons pas voir une piste, mais notre chien peut la sentir.

Portée. Chiots nés de la même mère, en même temps.

Récompense. Tout ce que ton chien aime en échange de ce qu'il réussira bien – habituellement une friandise ou un jeu avec un jouet.

Révérence de jeu. Quand la partie avant de ton chien s'abaisse, mais que son derrière reste dans les airs, il joue à saluer pour inviter, toi ou un autre chien, à jouer.

Socialisation. Présenter ton chien à plusieurs autres chiens et autres personnes afin qu'il s'habitue à communiquer avec eux.

Terrier. Des races de chien associés au travail près du sol ou sous le sol, comme chasser les rats ou les lièvres par exemple (exemple : le terrier Jack Russell).

Toilettage. Brosser, peigner, couper les griffes et brosser les dents de ton chien.

Traquer. Quand un chien se sert de son nez pour suivre une piste odorante laissée par un humain ou un autre animal.

Vétérinaire. Médecin pour les animaux.

Sites Internet d'organismes

www.spcamontreal.com
La Société pour la prévention de la cruauté envers les animaux (SPCA)

www.sqda.org
La Société québecoise pour la défense des animaux (SQDA) existe depuis 18 ans. L'un de ses fondateurs est nul autre que Frédéric Back, le célèbre cinéaste.

www.gan.ca
Le Réseau Action Globale est un organisme basé à Montréal qui se dévoue pour le respect des droits des animaux, qu'ils soient sauvages ou domestiques.

http://pages.infinit.net/sjsgt/
Site d'Agilité Québec qui recense des informations complètes sur les parcours et les concours d'agility au Québec et dans l'est de l'Ontario.

Parle avec tes amis propriétaires de chiens et échangez des idées.

www.ontariooutdoor.com
Site ontarien qui nous informe que les parcs du nord de la province accueillent les chiens.

www.chiens-guides.com
Vision canine du Canada, un programme d'entraînement des chiens-guides.

www.santeanimale.ca
Nombreux articles complets sur la santé du chien publiés par l'Association canadienne des médecins vétérinaires.

www.chiensetenfants.ca
Site de prévention pour parents et enfants produit par un regroupement d'organismes dont l'Association canadienne des médecins vétérinaires.

www.animal-services.com
Animal-services est un site français où l'on trouve 149 fiches sur les différentes races de chien, des forums de discussion, des trucs, des nouveaux produits et même l'astrologie du chien!

www.mira.ca
Mira poursuit l'objectif d'accroître l'autonomie des personnes handicapées et de favoriser leur intégration sociale en leur fournissant des chiens développés et entraînés pour répondre à leurs besoins spécifiques.

www.zootherapiequebec.ca
Cet organisme de Montréal offre des thérapies assistées par les chiens aux clientèles démunies. Services, membres, partenaires et activités disponibles.

Index

Remerciements

Photographie

Jane Burton et Kim Taylor (Warren Photographic) 1, 2, 7g, 8, 9, 12c, 13, 20d, 21g, 22, 23, 25g, 26hc, c, bc, 28g, 32d, 33, 35d, 37, 39, 40b, 43g, 44hg, 44hd, 45hg, 45hd, 52d, 54, 55, 56hg, 59, 63hg, bg, 64, 65bd, 68h, 76, 77, 81h, 84b, 90g, 93; Corbis 42d, 86h; David King 27bd; J.L. Klein & M.L. Hubert (Oxford Scientific Films) 16g; Andrew Sydenham 18g, 80h.